CODE PÉNAL,

MANUEL COMPLET

DES HONNÊTES GENS,

CONTENANT

LES LOIS, RÈGLES, APPLICATIONS ET EXEMPLES
DE L'ART DE METTRE SA FORTUNE, SA BOURSE
ET SA RÉPUTATION,
A L'ABRI DE TOUTES LES TENTATIVES.

PAR HORACE RAISSON.

3ᵉ Édition,

REVUE ET AUGMENTÉE

PARIS,

J.-P. RORET, LIBRAIRE-ÉDITEUR,
QUAI DES AUGUSTINS, Nº 17 BIS.

1829.

CODE PÉNAL

DES

HONNÊTES GENS.

IMPRIMERIE DE TROUVÉ ET COMPAGNIE
rue Notre-Dame-des-Victoires, n° 16.

CODE PÉNAL,

MANUEL COMPLET

DES HONNÊTES GENS,

CONTENANT

LES LOIS, RÈGLES, APPLICATIONS ET EXEMPLES
DE L'ART DE METTRE SA FORTUNE, SA BOURSE
ET SA RÉPUTATION
A L'ABRI DE TOUTES LES TENTATIVES.

PAR HORACE RAISSON.

3ᵉ Édition,

REVUE ET AUGMENTÉE.

—☞—

PARIS.

J.-P. RORET, LIBRAIRE-ÉDITEUR,

QUAI DES AUGUSTINS, Nᵒ 17 BIS.

1829.

L'ARGENT, par le temps qui court, donne le plaisir, la considération, les amis, les succès, les talens, l'esprit même; ce doux métal doit donc être l'objet constant de l'amour et de la sollicitude des mortels de tous les âges, de toutes les conditions.

Mais cet argent, source de tous les plaisirs, origine de toutes les gloires, est aussi le but de toutes les tentatives.

Le Code, en désignant les peines encourues par les voleurs, a fait une nomenclature des diverses espèces de vols auxquels est exposé un honnête homme : mais le législateur pouvait-il prévoir et décrire les ruses, les subtilités des *Industriels ?*

Le Code apprend bien au lecteur qu'il sera victime d'un vol domestique, d'une escroquerie, d'une soustraction, accompagnés de plus ou moins de circonstances aggravantes ; et ses pages inquiétantes lui font serrer son argent avec la terreur d'un homme qui lisant un livre de médecine, croit ressentir toutes les maladies dont on lui démontre les dangers. Le Code et les juges sont les chirurgiens qui tranchent, coupent, rognent et cautérisent les plaies sociales. Mais où trouver le médecin prudent qui tracera les lois de l'hygiène monétaire, et fournira les moyens d'éviter les accidens? La police, peut-être : mais elle ne s'inquiète guère du volé; c'est le voleur qu'elle poursuit; et les polices de l'Europe ne rendent pas plus l'argent qu'elles ne préviennent les vols : elles sont d'ailleurs occupées, par le temps qui court, à toute autre chose.

Le Code que nous publions pourra-t-il remplir cette lacune? nous osons à peine l'espérer. Dans l'impossibilité toutefois de deviner toutes les subtiles combinaisons des voleurs, nous avons tenté de réunir dans ce livre les aphorismes, les exemples, les maximes, les anecdotes qui peuvent servir à éclairer la probité innocente sur les ruses de la probité chancelante ou déchue.

La vie peut être considérée comme un combat perpétuel entre les riches et les pauvres. Les uns sont retranchés dans une place forte à murs d'airain, pleine de munitions; les autres tournent, virent, sautent, attaquent, rongent les murailles; et malgré les ouvrages à cornes que l'on bâtit, en dépit des portes, des fossés, des batteries, il est rare que les assiégeans, ces cosaques de l'état social, n'emportent pas quelque avantage.

L'argent prélevé par ces forbans policés est perdu sans retour; et ce serait un art précieux que celui qui mettrait en garde contre leurs vives et adroites attaques. C'est vers ce but que nous avons dirigé tous nos efforts; et nous avons tenté, dans l'intérêt des honnêtes gens, d'éclairer les manœuvres de ces protées insaississables.

L'honnête homme, à qui nous dédions notre livre, est celui-ci :

Un homme jeune encore, aimant les plaisirs, riche ou gagnant de l'argent avec facilité par une industrie légitime, d'une probité sévère, soit qu'elle agisse politiquement, en famille ou au dehors, gai, spirituel, franc, simple, noble, généreux.

C'est à lui que nous nous adressons, voulant lui épargner tout l'argent qu'il pourrait abandonner chaque jour à la subtilité et à l'adresse, sans se croire victime d'un vol.

Notre ouvrage aura peut-être le défaut de faire voir la nature humaine sous un aspect triste. Eh quoi! dira-t-on, faut-il se défier de tout le monde? N'y a-t-il plus de probité dans ce bas-monde? Craindrons-nous nos amis, nos parens? — Oui! craignez tout; mais ne laissez jamais paraître votre méfiance. Imitez le chat; soyez doux, caressant; mais voyez avec soin s'il y a quelque issue, et souvenez-vous qu'il n'est pas donné aux honnêtes gens de tomber toujours sur leurs pieds. Ayez l'œil au guet; sachez rendre tour à tour votre esprit doux comme le velours, inflexible comme l'acier.

Ces précautions sont inutiles, pensez-vous peut-être?

Nous savons fort bien que de nos jours on n'assassine plus le soir dans les rues, qu'on ne vole pas aussi fréquemment qu'autre-fois, qu'on respecte les montres, qu'on a des égards pour les bour-ses, des procédés pour les mou-choirs. Nous savons aussi, grâce au budget, ce que coûtent les gendarmes, la police, etc.

Les Pourceaugnac, les Danières sont des êtres de pure invention, ils n'ont plus leurs modèles. Sbri-gani, Crispin, Cartouche sont des

idéalités. Il n'y a plus de provin-
ciaux à berner, de tuteurs à trom-
per : notre siècle a une tout
autre allure, une bien plus gra-
cieuse physionomie.

Le moindre jeune homme est à
vingt ans rusé comme un vieux
juge d'intruction. On sait ce que
vaut l'or. Paris est aéré, ses rues
sont larges; on n'emporte plus
d'argent dans les foules. Ce n'est
plus le vieux Paris sans mœurs,
sans lumières : il n'y a guère de
réverbères, il est vrai ; mais la
lune et les gendarmes suppléent
à cette économie municipale.

Rendons pleine justice aux lois
nouvelles : en ne prodiguant pas

la peine capitale, elles ont forcé le criminel à attacher de l'importance à la vie. Les voleurs, depuis qu'ils ont à leur disposition les moyens de s'enrichir par des tours d'adresse, sans risquer leur tête, ont préféré l'escroquerie au meurtre : certes, tout s'est perfectionné.

Autrefois on vous demandait brutalement la bourse ou la vie; aujourd'hui on ne songe ni à l'une ni à l'autre. Les honnêtes gens avaient des assassins à craindre; aujourd'hui ils n'ont pour ennemis que des prestidigitateurs. C'est l'esprit que l'on aiguise et non plus les poignards. Le seul soin

Sur les petits séminaires.

raisonnable aujourd'hui doit donc être de défendre ses écus contre les piéges dont on les environne. L'attaque et la défense se trouvent également stimulées par le besoin. C'est une question budgétaire, un combat entre l'honnête homme qui dîne et l'homme industrieux qui jeûne.

L'élégance de nos manières, le fini de nos usages, le vernis de notre politesse se reflètent sur tout ce qui nous environne. Le jour où l'on a fabriqué de beaux tapis, de riches porcelaines, des meubles de prix, des cachemires indigènes ; les voleurs, la classe la plus intelligente de la société, ont senti qu'il fallait se placer à la hauteur des circonstances : vite ils ont pris le tilbury comme l'agent de change, le cabriolet comme le notaire, le coupé comme le banquier.

Alors les moyens d'acquérir le bien d'autrui sont devenus si multipliés, ils se sont enveloppés sous des formes si gracieuses, tant de gens les ont pratiqués, qu'il a été impossible de les prévoir, de les classer dans nos codes; et le Parisien, le Parisien lui-même, a été un des premiers trompé.

Si le Parisien, cet être d'un goût si exquis, d'une prévoyance si rare, d'un égoïsme si délicat, d'un esprit si fin, d'une perception si déliée, se laisse journellement prendre dans ces lacets trop bien tendus, l'on conviendra que les étrangers, les insoucians et les honnêtes gens doivent s'empresser de consulter un manuel où l'on espère avoir signalé tous les piéges.

Pour beaucoup de gens, le cœur humain est un pays perdu ; ils ne connaissent pas les hommes, leurs sentimens, leurs manières ; ils n'ont pas étudié cette diversité de langage que parlent les yeux, la démarche, le geste. Que ce livre leur serve de carte ; et comme les Anglais, qui ne se hasardent pas dans

Paris sans leur *Pocket Book*, que
les honnêtes gens consultent ce
guide, assurés d'y trouver les
avis bienveillans d'un ami expéri-
menté.

PROLÉGOMÈNES.

CONSIDÉRATIONS POLITIQUES, LITTÉRAIRES, PHILOSOPHIQUES, LÉGISLATIVES, RELIGIEUSES ET BUDGÉTAIRES, SUR LA CLASSE DES VOLEURS.

Les voleurs forment une classe spéciale de la société : ils contribuent au mouvement de l'ordre social ; ils sont l'huile de ses rouages.

Semblables à l'air, les voleurs se glissent partout : ils forment une

2.

nation à part, au milieu de la nation.

On ne les a pas encore considérés avec assez de sang-froid, d'impartialité. Et en effet, qui s'occupe d'eux ? Les juges, les procureurs du Roi, les espions, la maréchaussée, les victimes de leurs vols.

Le juge voit dans un voleur le criminel par excellence, qui érige en science l'état d'hostilité envers les lois; il le punit. Le magistrat le traduit, et l'accuse : tous deux l'ont en horreur; cela est juste.

Les gens de police et la maréchaussée sont aussi les ennemis directs des voleurs, et ne peuvent les voir qu'avec passion.

Les honnêtes gens enfin, ceux qui sont volés, n'ont guère l'envie de prendre le parti des voleurs.

Nous avons donc cru, avant de tenter de dévoiler les ruses des voleurs, privilégiés comme non privilégiés, de toutes les classes, devoir nous livrer à des considérations impartiales sur les voleurs. Nous tentons de les examiner sous toutes leurs faces avec sang-froid; et certes, on ne nous accusera pas de vouloir les défendre, nous qui leur coupons les vivres, et signalons toutes leurs opérations, en élevant dans ce livre un phare qui les domine.

Un voleur est un homme rare; la nature l'a conçu en enfant gâté; elle a rassemblé sur lui toutes sortes de perfections : un sang-froid imperturbable, une audace à toute épreuve, l'art de saisir l'occasion, si rapide et si lente, la prestesse, le courage, une bonne constitution, des yeux perçans, des mains agiles, une physionomie heureuse et mobile : tous ces avantages ne sont rien pour le voleur; ils forment cependant déjà la somme de talens d'un Annibal, d'un Catilina, d'un Marius, d'un César.

Ne faut-il pas, de plus, que le voleur connaisse les hommes, leur caractère, leurs passions; qu'il mente avec adresse, prévoie les événemens, juge l'avenir, possède un esprit fin, rapide; ait la conception vive, d'heureuses saillies, soit bon comédien, bon mime; puisse saisir le ton et les manières des classes diverses de la société; singer le commis, le banquier, le général, connaître leurs habitudes, et revêtir au besoin la toge du préfet de police ou la culotte jaune du gendarme; enfin, chose difficile, inouïe, avantage qui donne la célébrité aux Homère, aux Arioste, à l'auteur tragique, au poète comique, ne lui faut-il pas l'imagination, la brillante, la divine imagination? ne doit-il pas inventer perpétuellement des ressorts nouveaux? Pour lui, être sifflé, c'est aller aux galères.

Mais, si l'on vient à songer avec quelle tendre amitié, avec quelle paternelle sollicitude, chacun garde ce que cherche le voleur, l'argent, cet autre protée; si l'on voit de sang-froid, comme nous le couvons, serrons, garantissons, dissimulons, on conviendra au moins que s'il employait au bien les exquises perfections dont il fait ses complices, le voleur serait un être extraordinaire, et qu'il n'a tenu qu'à un fil qu'il devînt un grand homme.

Quel est donc cet obstacle? ne serait-ce pas que ces gens-là, sentant en eux une grande supériorité, ayant aussi un penchant extrême à l'indolence, effet ordinaire des talens, se trouvant d'ailleurs dans la misère, mais conservant une audace effrénée dans les desirs, attribut du génie, nourrissant des haines fortes contre la société qui méprise leur pauvreté, ne sachant pas se contenir par suite de leur force de caractère, et secouant toutes les chaînes et tous les devoirs, voient dans le vol un moyen prompt d'acquérir.

Entre l'objet desiré avec ardeur et la possession, ils n'aperçoivent plus rien, et se plongent avec délices dans le mal, s'y établissent, s'y cantonnent, s'y habituent, et se font des idées fortes, mais bizarres, des conséquences de l'état social.

Mais que l'on réfléchisse aux événemens qui conduisent un homme à cette profession difficile, où tout est ou gain ou péril; où, semblable au pacha qui commande les armées de Sa Hautesse, le voleur doit vaincre ou recevoir le cordon; de plus hautes pensées naîtront peut-être au cœur des politiques et des moralistes.

Lorsque les barrières dont les lois entourent le bien d'autrui sont franchies, il faut reconnaître un invincible besoin, une vive fatalité; car enfin la société ne donne pas du pain à tous ceux qui ont faim; et, quand ils n'ont aucun moyen d'en gagner, que voulez-vous qu'ils fassent? La politique a-t-elle prévu que le jour où la masse des malheureux sera plus forte que la caste des riches, l'état social se trouvera tout autrement établi? En ce moment, l'Angleterre est menacée d'une révolution de ce genre.

La taxe pour les pauvres deviendra exorbitante en Angleterre; et le jour où, sur trente millions d'hommes, il y en a vingt qui meurent de faim, les culottes de peau jaune, le canons et les chevaux n'y peuvent guères. A Rome il y eut une semblable crise; les sénateurs firent tuer les Gracchus. Mais vinrent bientôt Marius et Sylla, qui cautérisèrent la plaie en décimant la république.

Nous ne parlerons pas du voleur par goût, dont le docteur Gall a prouvé le malheur, en montrant que son vice est le résultat de son organisation : cette prédestination serait par trop embarrassante, et nous ne voulons pas conclure en faveur du vol; notre but est seulement d'exciter la pitié et la prévoyance publiques.

En effet, reconnaissons au moins dans l'*homme social* une sorte d'horreur pour le vol, et, dans cette hypothèse, admettons de longs combats, un besoin cruel, de progressifs remords, avant que la conscience n'éteigne sa voix; et, si le combat a eu lieu, que de desirs contraints, que d'affreuses nécessités, quelles peines n'aperçoit-on pas, entre l'innocence et le vol?

La plupart des voleurs ne manquent pas d'esprit, d'éducation; ils ont failli par degrés, sont tombés, par suite de malheurs oubliés du monde, de leur splendeur à leur misère, en conservant leurs habitudes et leurs besoins. Des valets intelligens vivent sans fortune en présence des richesses, tandis que d'autres se laissent dominer par les passions, le jeu, l'amour, et succombent au desir d'acquérir l'aisance pour toute la vie, et cela d'un seul coup, en un moment.

La foule voit un homme sur un banc, le voit criminel, l'a en horreur; et cependant un prêtre, en examinant l'âme, y voit souvent naître le repentir. Quel grand sujet de réflexions! La religion chrétienne est sublime, quand, loin de se détourner avec horreur, elle tend son sein et pleure avec le criminel.

Un jour, un bon prêtre fut appelé pour confesser un voleur prêt à marcher au supplice : c'était en France, au temps où l'on pendait pour un écu volé, et la scène avait lieu dans la prison d'Angers.

Le pauvre prêtre entre, voit un homme résigné; il l'écoute. Il était père de famille, sans profession; il avait volé pour nourrir ses enfans, pour parer sa femme qu'il aimait; il regrettait la vie, toute pénible qu'elle fût pour lui. Il supplie le prêtre de le sauver. Les

3.

croisées étaient basses, le criminel s'échappe, et l'ecclésiastique
sort brusquement.

A quelques années de là, le
prêtre voyageait; il arrive le soir
à un village, dans le fond du
Bourbonnais; il demande l'hospitalité à la porte d'une ferme.

Sur le banc étaient le fermier,
sa femme et ses enfans; ils jouaient,
et le bonheur respirait dans leurs
jeux. Le mari fit entrer le prêtre,
et le pria, après souper, de faire,
ce soir-là, la prière habituelle. Le
prêtre remarqua une piété vraie;
tout annonçait l'aisance et le tra-
vail.

Bientôt le fermier entra dans la

chambre destinée à l'étranger, et se jeta à ses genoux en fondant en larmes. Le prêtre reconnaît le voleur qu'il sauva jadis; le fermier lui apportait la somme volée, le priant de la remettre à ceux auxquels elle appartenait : il était heureux que le hasard lui permît de recevoir son bienfaiteur. Le lendemain il y eut une fête, dans le secret de laquelle étaient seulement le mari, la femme et le bon prêtre.

Ceci n'est guère qu'une exception. Les voleurs ont existé de tout temps, ils existeront toujours. Ils sont un produit nécessaire d'une société constituée. En effet, à toutes les époques, les hommes ont été vivement épris de la fortune. On dit toujours : « Actuellement l'argent est tout, celui qui a de l'argent est maître de tout. » Gardez-vous, lecteur, de répéter ces phrases banales. Celui qui a estropié Juvénal, Horace, et les vénérables classiques de toutes les nations, doit savoir que de tout temps l'argent a été chéri et envié avec une ardeur égale. Chacun cherche en soi-même un moyen de faire une fortune brillante et rapide, parce que chacun sait qu'une fois acquise, personne ne s'en plaindra. Or, le moyen le plus commode, c'est le vol, et le vol est commun.

Un marchand qui gagne cent pour cent vole; un munitionnaire qui, pour nourrir trente mille hommes à dix centimes par jour, compte les absens, gâte les farines, donne de mauvaises denrées, vole; un autre brûle un testament; celui-là embrouille les comptes d'une tutelle; celui-ci invente une tontine : il y a mille moyens que nous dévoilerons. Et le vrai talent est de cacher le vol sous une apparence de légalité : on a horreur de prendre le bien d'autrui, il faut qu'il vienne de lui-même; là est tout l'art.

Mais les voleurs adroits sont reçus dans le monde, passent pour d'aimables gens. Si, par hasard, on trouve un coquin qui ait pris tout bonnement de l'or dans la caisse d'un avoué, on l'envoie aux galères : c'est un scélérat, un brigand. Mais si un procès fameux éclate, l'homme comme il faut qui a dépouillé la veuve et l'orphelin trouvera mille avocats dévoués.

Que les lois soient sévères, qu'elles soient douces, le nombre des voleurs ne diminue pas. Cette considération est remarquable, et nous conduit à avouer que la plaie est incurable, que le seul remède consiste à dévoiler toutes les ruses, et c'est ce que nous avons essayé de faire.

Les voleurs sont une dangereuse peste des sociétés; mais l'on
ne saurait nier aussi l'utilité dont
ils sont dans l'ordre social et dans
le gouvernement. Si l'on compare
une société à un tableau, ne faut-il
pas des ombres, des clairs-obscurs?
Que deviendrait-on le jour qu'il
n'y aurait plus par le monde que
des honnêtes gens? on s'ennuie-
rait à la mort; il n'y aurait plus
rien de piquant : on prendrait le
deuil le jour où il ne faudrait plus
de serrures.

Ce n'est pas tout : quelle perte
immense cela ne ferait-il pas supporter! La gendarmerie, la magis-
trature, les tribunaux, la police,

les notaires, les avoués, les serruriers, les banquiers, les huissiers, les geoliers, les avocats, disparaîtraient comme un nuage. Que ferait-on alors? que de professions reposent sur la mauvaise foi, le vol et le crime! Comment passeraient le temps ceux qui aiment à aller entendre plaider, à voir les cérémonies de la cour et les représentations de la place de Grève? Tout l'état social repose sur les voleurs, base indestructible et respectable : il n'y a personne qui ne perdît à leur absence; sans les voleurs, la vie serait une comédie sans Crispins et sans Figaros.

De toutes les professions, aucune n'est donc plus utile à la société que celle des voleurs ; et si la société se plaint des charges que les voleurs lui font supporter, elle a tort ; c'est elle seule et ses onéreuses précautions inutiles, qu'elle doit accuser de son surcroît d'impôt.

En effet, la gendarmerie coûte. . . . . . . 20 millions.

Le ministère de la justice 17

Les prisons 8

Les bagnes, la chaîne, etc. 1

La police en coûte plus de 10

En ne nous attachant qu'à ces seules économies, on gagnerait à peu près soixante millions à laisser les voleurs travailler en liberté; et certes ils ne voleraient jamais pour soixante millions par an ; car, avec des livres comme le nôtre, on dévoilerait leurs ruses : mais on aime mieux que les voleurs entrent pour beauconp dans le budget. Ils font vivre soixante-mille fonctionnaires, sans compter les états basés sur leur industrie.

Quelle classe industrieuse et commerçante ! comme elle jette de la vie dans un état ! comme elle donne à la fois du mouvement et de l'argent ! Si la société est un corps, il faut considérer les voleurs comme le fiel qui aide aux digestions.

En ce qui concerne la littérature, les services rendus par les voleurs sont encore bien plus éminens. Les gens de lettres leur doivent beaucoup, nous ignorons même comment ils pourront s'acquitter, car ils n'offrent rien que leurs bienfaiteurs puissent prendre par un juste retour. Les voleurs sont entrés dans la contexture d'une multitude de romans; ils forment une partie essentielle des mélodrames; et ce n'est qu'à ces collaborateurs énergiques que les génies du boulevard doivent chaque jour leurs succès.

Enfin les voleurs forment une république qui a ses lois et ses mœurs ; ils ne se volent point entre eux, tiennent religieusement leurs sermens, et présentent, pour tout dire d'un mot, au milieu de l'état social, une image de ces fameux flibustiers, dont on admirera sans cesse le courage, le caractère, les succès, et les éminentes qualités.

Les voleurs ont même un langage particulier, leurs chefs, leur police; et à Londres, où leur compagnie est mieux organisée qu'à Paris, ils ont leurs syndics, leur parlement, leurs députés. Nous ne sommes pas arrivés encore, il est vrai, **a un** tel degré de perfectibilité ; mais il n'en demeure pas moins patent que chez nous aussi le vol est une profession, et que les honnêtes gens ne sauraient être trop continuellement sur leurs gardes.

Heureux si, par notre expérience, nous pouvons leur servir de guides en dévoilant, dans ce petit ouvrage, les manières les plus remarquables de s'entrevoler dans le monde !

CODE PÉNAL

DES

HONNÊTES GENS.

Titre premier.

DES PETITS VOLS.

Petit voleur est, parmi les *indus-triels*, le nom consacré par une coutume immémoriale, pour désigner ces malheureux *prestidigitateurs* qui n'exercent leurs talens que sur les objets du prix le plus médiocre.

Dans tous les états il y a un apprentissage à faire; on ne livre aux ap-

4..

prentis que la plus facile besogne, afin qu'ils ne puissent rien gâter ; et, selon leur mérite, on les élève graduellement. Les petits voleurs sont les apprentis du corps auquel ils appartiennent, et font leurs expériences *in animâ vili*.

De même que, dans l'art de magnétiser, l'abbé Faria faisait débuter ses disciples sur une tête à perruque, de même les petits voleurs s'exerçaient jadis sur un mannequin suspendu par un fil. L'homme d'osier remuait-il ? Un ressort agitait une sonnette accusatrice ; le professeur, accourant aussitôt, administrait une correction salutaire à son élève, puis l'instruisait à enlever le mouchoir subtilement et sans bruit.

Mais cet âge d'or des petits voleurs n'est plus ; leur art, digne de Sparte, tombe en décadence : il a eu ses révolutions, ses phases, et voici la situation actuelle de ceux qui l'exercent :

La petite volerie est, à proprement parler, le séminaire où recrute le crime, et les petits voleurs ne sont que les tirailleurs de la grande armée des industriels sans patente.

Si le petit voleur est un homme d'un certain âge, il ne s'élevera jamais à une grande hauteur : c'est une intelligence du dernier ordre, qui ne spéculera que sur les montres, les cachets, les mouchoirs, les sacs, les schals, et n'aura jamais de démêlés qu'avec la police correctionnelle.

Il a l'espoir de terminer tranquillement ses jours, nourri aux frais de l'État, dans un local bâti de pierres de Saint-Leu ou de Vergelet. Alors, semblable à ces anciens Grecs pour lesquels on fondait des Prytanées, il n'aura plus qu'à penser à sa vie passée, comme font dans leur ciel les héros de Virgile.

Mais si le petit voleur est un enfant de quinze à seize ans, il pelotte en attendant partie : il se formera aux galères ou dans les prisons; il étudiera son code, méditera, comme Mithridate, de hardis projets, risquera vingt fois sa tête contre la fortune, et mourra peut-être *coram populo*.

Pour voir le petit voleur sous une forme, car il en a mille, il faut se représenter un jeune homme errant

sur les boulevards : **il est svelte et dégagé** ; l'habit **qu'il porte n'a pas** été
fait pour lui, non plus que son mauvais gilet de cachemire. Chaque partie de son habillement est d'une mode
différente : il a un pantalon à la cosa-
que et un habit anglais. Sa voix est
enrouée ; il a passé la nuit dans les
Champs-Élysées : par maintien, il a
deux cannes ou des chaînes à la main.

« Voulez-vous un bon bambou ?

« Achetez-moi une belle chaîne
garantie. »

Voilà un des sauvages de Paris, un
de ces êtres sans patrie au milieu de
la France : orphelin avec toute une
famille, sans liens sociaux, sans idées,
un fruit amer de cette conjonction
perpétuelle de l'extrême opulence et

de l'extrême misère ; voilà enfin un des types du petit voleur.

Rarement un honnête homme se compromet avec ces brouillons-là : on leur doit le plus profond mépris, des coups de bâton, et une remontrance qui se termine par ces mots sacramentels : « Va te faire pendre ailleurs ! » C'est comme si l'on disait : « Je ne suis pas gendarme, je n'aime à faire pendre personne ; je suis jaloux de ma tranquillité ; irai-je, pour une montre, chez un commissaire ou devant un tribunal !.... etc. »

—

CHAPITRE PREMIER.

Des Mouchoirs, Montres, Cachets, Tabatières, Boucles, Sacs, Bourses, Épingles, etc.

LE vol dont il s'agit est l'action par laquelle un objet passe d'une main dans une autre, sans effort, sans effraction, sans autres frais qu'un peu d'adresse. Il faut quelquefois des idées heureuses et nouvelles pour effectuer ce vol.

§. 1. Vous êtes dans une foule :

Toi, pauvre plébéien, clerc d'avoué, étudiant en droit, en médecine, commis, etc.

Dans la queue formée près du bu-

reau où l'on prend [les billets de par-
terre;

Vous, monsieur l'avocat, le médecin,
l'homme de lettres, le député, etc.,

Au spectacle, à une revue, occupé
à regarder les caricatures, au boulevard de Coblentz;

Ne vous défiez jamais de votre voisin de gauche qui a une chemise de
grosse toile, une cravate blanche, un
habit propre, mais de drap commun;
suivez plutôt très-attentivement les
mouvemens de ce voisin de droite,
dont la cravate est bien mise et fine,
qui a de grosses breloques, des favoris, un air d'honnête homme, le parler hardi; c'est celui-là qui vous vo-
lera votre mouchoir ou votre montre.

§. 2. Si votre diamant a disparu,

gardez-vous de vous en prendre à ce monsieur. — « Comment donc, c'est le plus honnête homme de France et de Navarre ! » On le fouillerait vainement, vous ne trouveriez rien sur lui ; il vous attaquerait en duel ou en dommages et intérêts. Votre diamant est à cent pas ; et avec un peu d'attention, vous verrez sept ou huit *fashionables* disposés comme des jalons dans la foule.

§. 3. Attacher sa montre avec des chaînes d'acier, avec des rubans ; disposer des fortifications de deux ou trois chaînes ; erreur ! erreur de nos ancêtres ! vieilles coutumes ! elles sont aussi peu utiles que les anciennes médecines de précaution : on coupera vos chaînes de dix pas.

§. **4.** Aujourd'hui les gens de bon ton n'ont plus de montre ; on ne peut pas la leur voler.

On portait des montres jadis, parce qu'il n'y avait pas d'horloges.

Aujourd'hui vous n'iriez pas écrire votre nom chez un suisse de bonne maison sans voir l'heure. Toutes les églises, les administrations, les ministères, voire les boutiques, ont des pendules. Nous marchons sur des méridiens, sur des canons de midi. On ne fait pas une enjambée sans se trouver face à face avec un cadran : aussi une montre est-elle du vieux style. Il faut prendre les heures sans les compter : les montres sont pour ceux qui s'ennuient.

D'ailleurs, les cochers de fiacre et

les passans n'ont-ils pas chacun la leur!

§. 5. Si un domestique vous apporte beaucoup de certificats honorables, dans lesquels sa probité soit exaltée par de bonnes maisons, gardez-vous de le prendre.

§. 6. Quand vous marchez dans les rues, ne vous laissez accoster par personne, et allez vite. Dans les foules, n'emportez rien sur vous, pas même de mouchoir: il n'y a que les enfans qui se mouchent, il n'y a que les femmes à vapeurs qui portent des flacons précieux, il n'y a que les fats qui aient des lorgnons. Un honnête homme prend son tabac à droite, à gauche ou au centre : il est invulnérable.

§. **7.** Si vous allez dans un cabinet de lecture ou dans un café, prétextez un rhume, toussez ; vous garderez par ce moyen votre chapeau neuf sur votre tête.

Ceci est encore plus utile chez les restaurateurs.

§. **8.** Quand vous achetez des bijoux, ou quelque objet de prix, parlez seul et bas à votre fabricant ; attendez même que la boutique soit vide.

Avec cette précaution, vous ne verrez pas arriver chez vous un garçon bijoutier qui, vous présentant une tabatière ou un écrin, avec facture, vous emportera de l'argent troqué contre du strass ou du similor.

Principe qui ne souffre pas d'exception : « Allez toujours chercher vous-même chez les marchands les objets de prix, et payez au maître de la maison. »

§. 9. Les femmes *comme il faut* ne portent pas de sacs, et n'ont plus de ridicule.

Si des bourgeoises honorables usent encore du sac après cet aphorisme, elles auront soin de ne jamais s'en sé-parer ;

De le pendre le moins souvent pos-sible à leur chaise, dans l'église ;

De ne jamais l'emporter quand elles vont au spectacle ou dans une foule ;

De n'y point mettre d'objets pré-cieux ;

De ne point faire sonner l'argent qu'il peut contenir, etc.

§. 10. Gardez-vous de tomber dans

le ridicule des bourgeois du Marais,
qui font imprimer en lettres d'or leur
nom et leur demeure dans leur chapeau : cela ressemble au sot calcul
d'un homme qui craint une apo-
plexie foudroyante.

Retenez bien que si l'on peut voir
votre nom dans votre chapeau, vous
aurez bientôt sur les bras quelque
honnête homme qui aura beaucoup
connu monsieur votre père : monsieur
votre père lui devra quarante ou cinquante francs.

Renoncerez-vous à la succession
paternelle pour une si petite somme ?
Laisserez-vous votre père insolvable ?

Ah ! maudit chapeau !..... il vous
aura coûté avec les cinquante francs
une montre pendue à votre glace.

§. **11**. Défiez-vous des numéros que l'on vous donne aux bureaux de cannes, de parapluies, etc.

§. **12**. D'honorables personnes mettent leur mouchoir dans leur chapeau.

§. **13**. Ne dormez jamais en diligence, à moins que vous ne soyez seul.

§. **14**. Une des plus belles subtilités des voleurs de tabatières et d'objets précieux, est celle-ci :

A la messe du roi Louis XIV, à Versailles, un jeune seigneur paraissait prendre un vif plaisir à dérober une tabatière très-précieuse dont un courtisan faisait grand cas. Au moment où le jeune seigneur retirait la tabatière de la poche du voisin, il se retourna pour voir si personne ne l'examinait ; il rencontra les yeux du Roi, et sur-le-champ lui fit un signe d'intelligence ; le Roi répondit par un léger sourire.

En sortant de la chapelle, Louis XIV demande du tabac au courtisan ; celui-ci cherche sa tabatière ; le Roi regarde parmi son cortége, ne voit plus celui qui l'a choisi pour compère, et s'écrie en riant : « J'ai aidé à vous voler. »

§. 15. Une des choses les plus précieuses étant nos cinq sens, défiez-vous des parapluies ; un maladroit peut, avec les pointes d'une baleine, vous escroquer un œil.

§. 16. C'est une vanité qui mérite d'être punie, que d'avoir des boutons d'argent ou d'or à son habit.

§. **17**. Défiez-vous à l'église de ces gens dont les mains jointes restent immobiles; souvent les filoux ont des mains de bois gantées, et pendant qu'ils prient avec ferveur, les deux véritables mains travaillent, surtout au lever Dieu.

§. **18.** On fait de bonnes trouvailles dans les livres à dix sous, à vingt sous, à trente sous même; mais regardez bien si toutes les pages du livre y sont. Nous rendons justice au commerce des libraires sur-pontins et sous-pontins; ils sont honnêtes, et lorsqu'ils affichent sur leur pancarte: « Livres à dix sous, » c'est à vous à vous arranger. Ne semblent-ils pas vous crier: « Prends-y garde? »

CHAPITRE II.

Vols dans les Boutiques , dans les Appartemens , les Cafés , les Restaurans , Vols domestiques , etc.

Ces vols sont horribles , parce qu'ils s'appuient sur la confiance ; il est difficile de s'en garantir ; on s'en apercevra à la rareté de nos aphorismes. On ne peut que s'en référer aux plus fameux exemples.

§. 1. Les honorables personnes qui sont forcées, par la nature de leur fortune, à n'employer que des cuisinières, doivent , pour leur propre sûreté, veiller à ce qu'elles aient de bonnes mœurs.

La plupart des vols domestiques se commettent à l'instigation de l'amour.

Si vous nourrissez votre cuisinière, elle aura bien le droit de prélever sur votre bouillon un bol restaurateur pour le grenadier.

Le mal n'est pas là; elle ne fait que prendre sur sa nourriture; c'est un sacrifice à l'amour. Le crime est de remplir le vide de cette grande cuillerée par une égale mesure d'eau de Seine.

§. 2. Examinez avec attention les bureaux de loterie de votre quartier, et informez-vous si vos gens y prennent des numéros, s'ils n'y jouent que leurs gages, etc.

§. 3. Vos chevaux ne mangeront pas toujours leur avoine, mais ils auront pleine satisfaction sur le boire.

§. 4. Les domestiques ont une influence extrême sur nos mœurs, nos habitudes, nos familles ; et leur plus ou moins de fidélité peut causer, ou notre salut ou notre ruine : il y a deux partis à prendre envers eux :

Une confiance illimitée, ou une défiance sans bornes.

Le parti mitoyen est détestable.

Ici, qu'il nous soit permis de faire un petit traité domestique.

Un domestique est membre d'une famille , comme l'huissier était jadis membre du parlement.

Si vous choisissez mal, ce n'est pas la faute du domestique, c'est la vôtre.

Si l'on a bien choisi, voici la meilleure conduite à tenir.

Un domestique est homme; il a son amour-propre, et les mêmes passions que vous, maître.

Ne blessez donc pas l'amour-propre des domestiques. En tout état, c'est une offense que l'homme pardonne rarement.

Ne parlez jamais à vos gens qu'à l'occasion de leur service.

Persuadez-leur que vous vous intéressez à eux, en vous y intéressant réellement.

Ne riez jamais avec eux, et surtout ne riez pas d'eux en leur présence, car ils prendraient leur revanche; et le maître dont on rit est perdu.

S'ils ont des enfans, ayez-en soin.

S'ils sont malades, faites-les soigner chez vous.

Prévenez-les bien qu'ils n'ont pas de pension à attendre de vous *après votre décès* ; mais faites croître leurs gages par année, de manière qu'au bout d'un temps limité, ils soient certains d'un traitement honorable et de votre sollicitude pour eux.

Grondez-les rarement, mais bien et justement.

Ne les traitez pas durement.

Ne leur confiez rien d'important qu'après avoir bien examiné leur caractère.

Il y a encore un soin perpétuel à avoir lorsque vous ne leur avez pas donné votre confiance : c'est de ne jamais rien dire d'important devant eux, de ne pas parler de votre fortune, de ce qui vous arrive d'heureux ou de malheureux, et, par-dessus tout, de visiter parfois les portes et les serrures, à travers lesquelles on voit tant de choses.

Le choix d'un domestique est encore plus important lorsqu'il s'agit de lui confier des enfans.

Il faut autant de politique et de finesse pour conduire un homme que dix. Ceci est de la diplomatie d'antichambre; mais elle est aussi savante que toute autre.

Un seul domestique, ami, préserve de tous les vols qui se commettent dans une maison.

§. 5. Quand votre appartement sera

à louer, vous verrez venir bien du monde ; ne laissez rien traîner.

§. 6. Vouloir empêcher qu'un chef, une cuisinière, etc., volent sur la dépense, est une folie insigne.

On est ou plus ou moins volé, voilà tout.

§. 7. Votre femme de chambre mettra vos robes ; votre laquais essayera vos habits, usera votre linge.

§. 8. Si votre campagne est cause de bien des prétextes honorables pour vous défaire des importuns, elle vous vaudra plus d'un malheur.

§. 9. Aussitôt que vous serez parti, si vous avez un cor, votre valet de chambre s'en servira, le sommelier ira à la cave, le laquais glissera en tilbury avec la femme de chambre, qui couvrira effrontément ses épaules roturières d'un cachemire de madame; enfin ce sera une petite saturnale.

§. 10. Ne prenez jamais de demi-mesures; ayez une confiance entière en vos domestiques, ou point du tout.

§. 11. Les changeurs de monnaies doivent entourer leur comptoir, à l'intérieur, d'une grille solide. Nous avons souvent admiré l'imprudence des bijoutiers, qui ne sont défendus que par un verre, et cependant ils connaissent mieux que personne la vertu du diamant brut.

§. 12. Ne prenez pas vos domestiques dans les bureaux de placement ; dans les petites affiches..... encore moins.

§. 13. Un industriel avait fait fabriquer des cuillères de cuivre argenté ;

tous les jours, dans plusieurs cafés, il changeait subtilement sa cuillère, et vécut long-temps de ce commerce.

Avis aux limonadiers et aux restaurateurs.

§. 14. Le commerce de détail à Paris ne saurait être trop en garde contre les voleurs. La guerre est toujours active entre eux et lui.

M. E***, médecin très - connu pour les maladies mentales, vit arriver un matin une dame, d'une quarantaine d'années, encore fraîche. L'équipage de madame la comtesse de *** entra dans la cour du célèbre docteur.

La comtesse se fait introduire sur-le-champ, et, mère éplorée, au désespoir, parle en ces termes : « Monsieur, vous voyez une femme en proie à un chagrin bien violent. J'ai un fils; il m'est bien cher, ainsi qu'à mon mari; c'est notre fils unique.... »

Des pleurs, des pleurs tels que ceux qu'Artémise versa sur la tombe de Mausole.

« Oui, o...ui, Mon...sieur, et depuis quelque temps nous avons de terribles craintes.... Il est dans un âge où les passions se développent... Quoique nous le satisfassions sur tous les points, argent, liberté, etc., voici plusieurs signes de démence complète qu'il donne. Le point le plus remarquable, c'est qu'il parle toujours de bijoux, de diamans qu'il a vendus ou donnés à une femme; mais ses discours sont inintelligibles. Nous soup-

çonnons qu'il a pu devenir amou-
reux d'une femme, peu estimable
peut-être, et qu'il aura contracté des
engagemens onéreux pour satisfaire
ses desirs.

» Ceci, Monsieur, n'est qu'une
conjecture: son père et moi nous nous
perdons dans les causes de cette
folie. »

— « Eh bien, Madame, amenez-
moi monsieur votre fils... »

— « Oh! dès demain, Monsieur, à
midi. »

— « Cela suffit. »

Le docteur s'empresse de recon-
duire la dame jusqu'à sa voiture : il
voit des armes, des laquais.

Le lendemain, la prétendue comtesse se fait descendre chez un fameux

joaillier ; et, après avoir long-temps marchandé une parure de trente mille écus, elle se décide en faisant bien des façons.

Elle la prend, tire négligemment une bourse de son sac, y trouve dix mille francs en billets de banque, les étale ; mais bientôt les resserre, et dit au bijoutier :

« Donnez-moi plutôt quelqu'un, je l'emmènerai ; mon mari paiera ; je n'ai pas sur moi toute la somme. »

Le bijoutier fait signe à un jeune homme qui, tout fier de monter en équipage, part avec la comtesse. On arrive chez M. E....

Elle monte précipitamment, dit au docteur : « Voilà mon fils, je vous laisse. » Puis sortant, elle dit au jeune homme : « Mon mari est dans son cabinet, entrez, il va vous payer. » Le jeune homme entre, la comtesse descend rapidement, la voiture roule à petit bruit : bientôt les chevaux galopent.

« Eh bien! jeune homme, disait le médecin, vous savez ce dont il s'agit. Voyons, que ressentez-vous?... Qu'est-ce qui se passe dans cette jeune tête-là ?... »

— « Ce qui se passe dans ma tête, Monsieur, rien, si ce n'est que voici la facture de la parure de diamans... »

— « Nous connaissons cela, » disait le docteur, en repoussant doucement la facture ; « je sais, je sais... »

— « Si Monsieur connaît le montant, il n'a qu'à me payer... »

— « La! là! calmez-vous; vos diamans, où les avez-vous pris? que sont-ils devenus?... Parlez tant que vous voudrez, je vous écoute patiemment. »

— « Il s'agit de me payer, Monsieur, quatre-vingt-dix mille francs.. »

— « Pourquoi? »

— « Comment pourquoi! dit le jeune homme, dont les yeux s'animèrent. »

— « Oui, pourquoi vous les paierais-je? »

— « Parce que madame la comtesse a pris les diamans à l'instant chez nous. »

— « Bon, nous y voici. Qu'est-ce que c'est que cette comtesse? »

— « Votre femme!... » Et il lui présente la facture. »

— « Mais, jeune homme, vous savez que j'ai le bonheur d'être médecin et veuf. »

Ici le jeune bijoutier s'emporta, et le docteur appelant ses gens, le fit tenir par les quatre membres, ce qui acheva de mettre le jeune homme en fureur. Il s'écria au vol, à l'assassinat, au guet-apens. Mais au bout d'un quart-d'heure il devint calme, expliqua tout fort posément, et une lueur terrible éclaira le docteur.

Quelques recherches qu'on ait pu faire ; ce singulier vol, si spirituel, si origiinal ne fut jamais puni. L'intrigante avait eu soin de cacher ses traces : les gens étaient ses complices, la voiture empruntée ; et cette histoire est restée comme un monument dans la mémoire des bijoutiers.

§. **15.** Un restaurateur est sujet à être volé d'une manière bien cruelle ; car il ne peut pas exiger la restitution des marchandises fournies.

Contre ce vol il n'y a pas de précaution.

§. **16.** Louis XV, passant dans les appartemens de madame de Pompadour, aperçut un homme monté sur une échelle et fouillant dans une armoire ; l'échelle vacillait, l'homme était en danger de tomber ; le Roi alla tenir le pied de l'échelle.

On vint bientôt annoncer à madame de Pompadour qu'elle était volée ; et le Roi, demandant les détails de l'aventure, reconnut qu'il avait aidé le voleur.

Ceci est un des plus beaux faits des filous.

§. **17.** Les marchands doivent se défier singulièrement des gens qui sont pressés de se faire livrer des marchandises.

Un marchand doit, dans ce cas, escorter par lui-même, ou par des commis, ses marchandises, trop souvent en danger.

Supposez un jeune homme, employé à une maison de roulage, qui, de connivence avec un petit voleur, enverra demander *une partie* de rubans, *une partie* de bijoux pour une maison de commerce, priant qu'on envoie les marchandises à un roulage, et la facture à sa maison de commerce.

Quand viendra la facture, M. le négociant ignorera ce qu'on veut lui dire ; qu'il coure au roulage, l'entrepreneur n'aura rien vu.

§. 18. En général, la race des portiers a conquis à Paris une réputation de probité très-remarquable : cependant, dans les grands vols domestiques, les portiers jouent quelquefois leur rôle.

En ce qui les concerne, il faut :

1° qu'un portier ait quelque intelligence ;

2° Qu'il ait l'ouïe fine et la vue excellente.

M. le général P.... avait, à dessein, choisi un Normand un peu épais pour suisse : le général partit pour une campagne nouvellement achetée.

Le surlendemain, son vieux tapissier se présenta avec le petit charaban et le petit cheval classiques; il venait de la part de M. le général qui lui avait écrit de démeubler telle, telle pièce, et d'apporter les meubles à la campagne.

Le portier ouvre les appartemens, les croisées, les persiennes, afin qu'on y voie mieux, aide à charger les tapis, les pendules. Au retour, le général paya bien cher la complaisance d'un portier ingénu.

§. 19. Vous voyez un appartement somptueux, bien meublé, bien décoré, un homme comme il faut qui s'y promène et parle d'affaires importantes avec deux dandys , ou compte de l'argent à quelqu'un ; vous, marchand , qui fournissez pour la première fois ce monsieur, vous craignez de l'interrompre, vous lui donnez vos marchandises, vous osez à peine présenter votre facture ; il la prend, la jette sur la cheminée et dit : « C'est bon , je ferai passer chez vous !.... » A peine vous regarde-t-il, vous sortez enchanté ; mais au fond du cœur il y a un murmure.

Aujourd'hui les enfans même ne se prennent plus à cela. Tout le monde sait que l'appartement peut être emprunté à un ami, qu'il peut n'être loué que pour quinze jours, etc., etc.

§. **20**. Négocians en gros et en détail, retenez bien cet axiome commercial : « Ne vendez qu'au comptant aux gens inconnus, ou prenez les plus sévères informations avant de faire crédit. »

Quand un galant homme vous entendra dire : « Monsieur, nous ne vendons qu'au comptant, » vous verrez sur sa figure quelle est sa solvabilité.

§. **21.** Détaillans de toutes classes, défiez-vous des hôtels garnis où les appartemens ont deux issues. « C'est bon, vous dit-on, je vais aller chercher de l'argent, » et l'on emporte votre marchandise.

Vous attendez héroïquement. Sot, triple sot, vous ne devinerez que lorsque l'hôtesse vous dira : « Qu'attend monsieur ? » ou qu'elle vous apprendra que l'appartement est vide, et que celui qui l'occupait l'a payé hier, la veille du 15.

§. **22**. Songez que souvent vous pourrez être le centre de toute une intrigue, et que deux, trois ou quatre acteurs différens joueront leurs rôles pour faire sortir de votre magasin ou de votre poche cette précieuse panacée, *l'argent!*

Exemple :

Un matin, sur les onze heures, un Anglais, enfoncé dans un beau cabriolet, arrête chez mademoiselle F..., célèbre lingère ; il descend. « C'est ici M. Chaulin, papetier ? » dit-il en baragouinant le français ; mais il lève la tête, voit les lingères, se dispose à remonter dans *lé cábrio-*

lette, lorsque se tournant brusquement, et montrant aux lingères un paquet de crayons, il dit : « Dans lé Angleterre nous déposons souvent les marchandises chez toutes sortes de marchands : voici des crayons que j'ai fait passer en France par contrebande ; cela se paie cher ici... Voudriez-vous en tenir un dépôt? je vous ferai gagner cent pour cent ».

La lingère n'aperçoit aucun danger : ni vous non plus. Qui diable aurait vu là un piége? n'y avait-il pas un Anglais, un cheval, un cabriolet et un domestique anglais en culotte de peluche rouge? la lingère accepte.

« En voici pour six cents francs, dit l'Anglais en vidant son cabriolet, et cela vaut plus de douze cents francs ; je vais mettre le reste chez les papetiers, car je suis forcé de partir pour Londres ».

Il remonte en voiture et part.

Les jeunes demoiselles de tailler, d'essayer le crayon ; il est excellent, moelleux, sans grain : c'est du véritable *Middleton*. On colle à la vitre une belle affiche, et les passans, à leur grande satisfaction, de lire : *Dépôt de crayons de Middleton.*

Le surlendemain, un jeune homme parfaitement bien mis, fort aimable, se disant fils du proviseur du collége de Bordeaux, vient commander un trousseau superbe, *parce qu'il épouse une demoiselle fort riche.* Le trousseau coûtera mille écus. Il va et vient pour presser son trousseau. On envoie chez lui; les demoiselles, curieuses et causeuses, rapportent que le fils du proviseur est bien meublé et paraît très-riche.

Un matin il arrive; il demande s'il aura le trousseau pour tel jour. Il veut dessiner la forme d'un canezou; il a perdu le crayon d'un beau souvenir. Soudain on jase sur les crayons de l'original, et l'on offre au jeune homme un *Middleton..*

— Surprise! joie! étonnement! « Que vous êtes heureuses d'avoir ces crayons! comment! d'où? mais vous en avez là au moins pour quinze cents francs : mon père serait enchanté de les avoir, etc., etc. «

Pendant qu'il s'extasie, arrive l'Anglais en cabriolet; il descend et demande ses crayons : il part pour Londres le soir même.

Le jeune homme achète les crayons : devant les lingères, le marché se conclut à huit cents francs, dont cent pour la maîtresse; mais l'Anglais veut le paiement à l'instant. Il part; il n'a pas même le temps d'aller chez le fils du proviseur.

Celui-ci tire sa bourse; elle contient soixante francs; mais ce n'est rien. L'infortunée lingère offre les sept cents francs; l'Anglais part, et le jeune homme doit en rentrant chez lui rembourser huit cents fr.; il offre d'emmener une demoiselle; on s'y refuse : ne laissait-il pas les crayons pour gage?

Qui diable verrait le piége! Quelle

finesse d'aperçus, quel savoir dans les combinaisons! La lingère s'applaudit d'avoir gagné cent francs à garder des crayons pendant six jours.

On passe chez le jeune homme, il n'y est pas : il ne vient plus ; on s'inquiète, on y retourne, il est parti.

La lingère conçut des craintes vagues ; mais elle se disait : « J'ai pour quinze cents francs de crayons ! »

Au bout d'un mois elle fait venir un papetier ; celui-ci examine les crayons ; ils sont excellens ; il y en a bien pour neuf cents francs environ.... Tout à coup on découvre un petit défaut, c'est qu'ils n'ont que quinze lignes de mine de plomb et le reste est en bois sur toute la longueur.

Vous voyez, par cet exemple, que de nos jours tout se perfectionne, et que les ruses des petits voleurs ne manquent pas de finesse, quand ils travaillent en boutique (1).

§. 23. Un honorable tailleur a trouvé moyen de mettre des boutons invisibles aux poches d'habits. Cette invention nous semble bonne; mais elle est surpassée par celle des fausses poches,

(1) Cette anecdote, inventée à plaisir dans la première édition du *Code des Honnêtes gens,* en 1824, a paru piquante à deux jeunes industriels. Ils ont trouvé tout naturel de la mettre en action; et à défaut d'imagination pour créer une pièce, ils ont entrepris de jouer les deux rôles. Malheureusement le succès n'a pas entièrement couronné leur entreprise. Les deux acteurs de ce petit proverbe se sont laissés arrêter quelques jours après la représentation. Ils

Un homme un peu honnête peut d'ailleurs porter des mouchoirs assez fins pour tenir dans la poche de côté, un habit paraît alors dans toute sa grâce.

ont comparu sur les bans de la police correctionnelle. L'avocat - général, pour tout réquisitoire, a donné lecture des pages du *Code pénal des Honnêtes gens*, et a requis à une peine d'autant plus sévère, que les deux accusés n'avaient fait preuve ni d'imagination ni de talent. La Cour a condamné les coupables à dix mois de prison. (Voir le *Journal de Paris*, du 10 janvier, où le jugement est consigné.)

~~~~~~~~~~~~~~~~~~~~~~~~~~~~~~~~~~~

Titre deuxième.

ESCROQUERIES.

L'ESCROQUERIE emporte après elle l'idée d'une certaine finesse, d'un esprit subtil, d'un caractère adroit. Là, il faut inventer un plan, des ressorts. Elle intéresse presque.

Les escrocs sont les *gens comme il faut de la petite volerie;* ils ne sont pas repoussans à voir; ils revêtent le costume de l'honnête homme, ont des mœurs, un langage épuré; ils s'introduisent dans les bonnes maisons

8.
~~~~~~~~~~~~~~~~~~~~~~~~~~~~~~~~~~~

sous toutes les formes, hantent les cafés, ont un appartement et se servent rarement de leurs dix doigts autrement que pour signer. Il y en a qui se *retirent* et deviennent honnêtes gens quand ils sont riches.

Un homme de bon sens doit frémir des dangers qu'il court à Paris. On a calculé qu'il existe sur le pavé du roi vingt mille individus qui, le matin, en se levant, ignorent où et comment ils dîneront. Cela n'est rien : mais ils dînent et dînent bien !

La classe des escrocs est nombreuse comme on voit, et présente des singularités curieuses.

A proprement parler, *l'homme comme il faut* de la petite volerie naît et meurt toutes les vingt-quatre heures. Il ressemble à ces insectes du fleuve Hypanis dont parle Aristote. Le problème est résolu pour lui, s'il a mangé quand le soleil se couche.

La garnison de Paris est ordinairement de vingt mille hommes : c'est un rapprochement curieux, que celui des vingt mille industriels dressant tous les matins vingt mille piéges contre leurs compatriotes qui n'ont que vingt mille soldats pour s'en garantir.

On a prétendu qu'il y avait, par le fait du suicide, une espèce de caisse d'amortissement de ces vingt mille industriels, et que la Seine absorbait annuellement, selon son cours plus ou moins favorable, une certaine quantité de ces hommes comme il

8..

faut, formant la masse *flottante* d'une véritable dette sociale.

Il est vrai que le nombre des suicides s'élève de deux cent soixante à trois cents, bon an, mal an ; mais il est de notre devoir de prévenir les *honnêtes gens* et les administrateurs qui dormiraient sur un pareil calcul, de la fausseté de cette assertion.

Il est de principe qu'un industriel ne meurt jamais dans l'eau ; et quand cela serait, le nombre des surnuméraires qui attendent est plus considérable que celui des industriels qui prennent ainsi leur retraite : d'ailleurs, on a reconnu à quelle classe appartiennent les suicides, et la statistique de leur malheur a été dressée : ainsi

les vingt mille piéges n'en subsistent
pas moins tous les matins.

Un homme comme il faut de la
petite volerie a toujours une quarantaine d'années, parce que ce Figaro
des voleurs a dû nécessairement passer par bien des filières avant d'arriver à cette profession dangereuse.

Il a une certaine connaissance des
usages du monde, doit bien parler,
avoir de bonnes manières et de la
conscience.

La chaussure est de sa toilette ce
qui se fatigue le plus ; et un véritable
observateur remarquera toujours l'é-
tat de la chaussure de ceux avec
lesquels il se trouve. Cet indice est
sûr. Un fripon n'est jamais bien
chaussé, il court trop. Il y en a qui,

comme Charles XII, restent cinquante jours bottés.

Pour bien examiner ce Gilblas, saisissons-le dans son jour le plus brillant.

Voyez - vous dans ce salon un homme à moustaches, à favoris épais, bien habillé? Il porte des éperons : n'est-il pas chevalier?

Il reste à poste fixe à la table d'écarté : il parie, en attendant son tour d'entrée. Rien sur sa physionomie n'indique l'amour de l'or et la pénurie de sa bourse. Il parle avec aisance, plaisante, sourit *à ces dames;* mais s'il vient un coup à décider, *l'homme de paix,* comme dit sir W. Scott, est intraitable; il applique la règle de l'académie avec rigueur. Saisissez - le bien sous toutes ses faces : il a l'œil perçant, les mains lourdes en apparence : il est bien tourné, prend des attitudes, se penche, parle de Rossini, de la tragédie nouvelle, etc.

Il a pendant quinze jours son cabriolet ; il le quitte, le reprend, selon les caprices de la fortune. Il est le protecteur de l'honneur des dames : il n'y a plus que ces descendans des anciens preux qui prennent la défense * des belles, et soient prêts à tirer l'épée, si quelqu'un ne rend pas justice à leurs attraits.

S'il joue, il relève ses manches et bat les cartes avec un fini, une prescience qui séduisent ; il regarde son associé qui, perdu dans la foule des adversaires, parie contre lui, et d'un signe lui dévoile le jeu de l'ennemi.

Il existe à Paris un modèle de ces Philibert. Il est trop connu pour que nous le dépeignions. C'est le grand homme, le Catilina du genre.

On sait qu'il dépense 100,000 fr. par an, et ne possède pas un sou de rente. Il a maintenant cinquante ans; il reste vigoureux et frais comme un jeune homme. Il donne le ton encore pour les modes. Personne ne mène plus dextrement un cabriolet, ne monte aussi bien un cheval, ne sait mieux prendre le ton graveleux d'une orgie pleine d'esprit, ou les grâces françaises de l'ancienne cour.

Soutenu par un fameux diplomate, soutenu par le jeu, soutenu par l'amour, et reçu incognito dans le mon-

de, on pense que cet Alcibiade des
fripons doit son illustration aux services tacites de tous les genres qu'il a
rendus à un homme d'état célèbre.
Aussi les coquins de la capitale le ci-
tent-ils avec orgueil! C'est un de leurs
grands hommes. Comment finira-t-il ?
voilà la question ; car on n'a pas encore eu l'esprit de faire des fonds de
retraite pour ces messieurs.

§. **1.** César est le premier qui ait es-
croqué son existence.

§. **2.** Nous n'hésiterons pas à ranger
la mendicité parmi les divers moyens
d'escroquer l'argent d'autrui :

1°. Parceque la plupart des mendians se sont fait un art de mendier,
et ne nous offrent que des maux fi-
gurés ;

2°. Parce qu'ils font ainsi venir notre argent dans leur poche, d'une façon illégitime : imposant la crédulité, la pitié, la charité, par des manœuvres et des mensonges punissables.

§. 3. Défiez-vous des mendians. L'indigent véritable n'est pas dans la rue.

§. 4. L'homme qui n'a pas de jambes court, l'aveugle y voit clair; quelquefois même l'un et l'autre sont complices de diverses escroqueries.

Un monsieur donnait à un cul-de-jatte un petit écu; un brave homme passe, et s'écrie: « Comment pouvez-vous faire l'aumône à ce fripon ? prêtez-moi votre canne, vous allez le voir courir. »

Le monsieur laisse prendre son

jonc à pomme d'or, et le redresseur de torts commence à battre le mendiant, qui ramasse sa jatte, et retrouvant ses jambes, se met à courir : le vengeur des mœurs courait aussi.

« Il l'attrapera ! il l'attrapera ! » disait le monsieur ; il les perdit bientôt de vue, et fut seul attrapé.

Cette vieille histoire prouve qu'il faut se méfier des mendians dont les plaies sont quelquefois hideuses ;

Enfin, il y a des mendians riches, très-riches même.

§. 5. Il vaut mieux secourir des familles dont on connaît la pauvreté ou les malheurs, servir de guide à des orphelins sans fortune, que de semer cent francs par an en pièces de deux sous parmi des mains inconnues.

§. **6.** Ne jouez jamais au billard dans les cafés qu'avec des personnes d'intime connaissance.

§. **7.** Quand vous flanez dans Paris, vous êtes quelquefois accosté par un homme assez bien mis, âgé, et qui vous dit tout bas : « Monsieur, je suis un employé réformé ; je n'ai pas de pain ; il faut que je me jette à l'eau.... » Passez vite, sinon vous verriez par la suite par combien de raisons il importe de doubler le pas.

§. **8.** Au jeu, dans quelque compagnie que vous puissiez vous trouver, lorsqu'on vous présente à couper, ayez bien soin d'*abattre le pont.*

Le pont est cette légère solution de continuité que vous remarquez dans un jeu de cartes, lorsqu'après l'avoir mêlé, on l'a séparé en deux parties bien distinctes qui se touchent aux extrémités ; si vous ne réunissez pas ces deux tomes de cartes en un seul volume, vous couperez infailliblement dans cette solution de continuité qui est subtilement préparée ; et certes vous n'aurez pas le roi.

§. 9. Il y a des hommes qui peuvent vous prendre vos bonnes idées, vos heureuses inventions, vos découvertes : c'est une des escroqueries que l'on se permet le plus souvent.

Lorsque vous trouvez une mine féconde, retenez cette rage d'amour-propre qui pousse à publier le succès.

Entre auteurs surtout!... ces messieurs escomptent leurs idées.

Entre fabricans, encore plus de discrétion.

§. **10.** Voyez-vous au café de Foi ce brave militaire qui a une balafre? Il est décoré.

C'est le plus intrépide des Français; il a été de toutes les guerres; il a de bonnes mœurs, parle avec chaleur, caresse ses moustaches, et lorsqu'il dit « garçon! » fait entendre un son de poitrine qui pronostique cent ans de vie; examinez-le bien : ses mains sont blanches comme ses dents, son teint est basané, ses cheveux sont noirs comme l'ébène; il est bien botté, bien habillé de drap bleu.

Vous le retrouverez une heure après au Théâtre-Français avec une dame de quarante à cinquante ans, veuve, sans enfans, et riche de sept, huit, dix, douze, quelquefois vingt mille livres de rente : il lui fait la cour, risque des présens, et finira par l'épouser.

MORALITÉ.

Les savans médecins qui ont écrit *de ætate criticâ mulierum*, ont oublié une maladie dont voici les symptômes :

Un officier à moustaches, en retraite, aimant les femmes, l'argent, le jeu, et dont les habitudes contrastent si fort avec celles du *sujet*, que celui-ci finit par succomber, lui et sa fortune.

§. 11. *Le jeune Homme honnête et spiri-tuel*, ou *les Inconvéniens du mariage*, mélodrame romantique en trois actes, dans lequel figurent des pères et mères.

ACTE PREMIER. Vous voyez d'abord un jeune homme : il va tous les jours à son administration ; il est joli garçon, très-élégant.

Ses père et mère sont d'honorables bourgeois, retirés du commerce ; ils ont pignon sur rue, logent dans une de leurs maisons, se complaisent à voir leur fils mener une conduite ran-gée. Il a une place de mille écus ; on lui donne mille autres écus, et ce jeune homme a un cabriolet ; si bien qu'il mène sa mère ou son vénérable père au bois de Boulogne et au spectacle.

Ils sont sûrs, ces bons parens, que leur fils ne joue pas ; leur fils est toute leur gloire, ils s'y mirent ; il ressemble autant à M. Crevet qu'à Madame.

On songe à marier ce fils. La scène change : alors vous voyez des anciens amis de M. Crevet qui amènent leur fille, mademoiselle Joséphine : ce sont de bons et honorables bourgeois qui donnent cent mille écus à leur fille ; et cela comptant.

Le jeune homme va avec ses père et mère chez les père et mère de sa prétendue ; là il y aura un ballet, si vous voulez.

ACTE **12.** Changement de décora- .

tion. Vous voyez un appartement qui n'est pas de la maison du père Crevet, ni chez les père et mère de la prétendue : l'appartement est brillant, le couvert est mis ; une jeune femme habillée avec élégance ; attend ; elle est jolie ; peau blanche, yeux vifs, lèvres vermeilles ; elle regarde par la fenêtre.

Notre jeune homme entre ; il est content, bien content ; il va au spectacle avec elle ; enfin ils sont heureux.

(Ceci n'est connu que du spectateur.)

Par un événement qui reste à inventer, cette jeune femme vient à apprendre que son amant se marie. Terreur ! effets dramatiques ; reproches, scènes attendrissantes, déchirantes. « Tu vas m'abandonner! mon cher cœur, toi que j'aime! »

— « Non, jamais! »

— « Serait-il vrai? »

— « Oui! »

Mais de l'argent, où en prendre?

Acte 3, (La scène est chez la mère de la prétendue.

On marie le jeune homme avec mademoiselle Joséphine. On danse (deuxième ballet), on joue, on rit. A minuit, on cherche le marié : il a emporté les cent mille écus, fuit avec la petite femme du second acte, et laisse sa prétendue. On se tait; mais la vengeance atteindra les coupables;

ils mangeront leurs cent mille écus et seront damnés.

Que faire, pères et mères, contre une semblable escroquerie! comment s'en garantir! c'est un coup de jarnac. Ils sont rares ; mais cela tombe sur une famille comme la grêle.

§. **13**. Vous mariez votre fille à un honnête homme.

Il vous a juré n'avoir pas un sou de dettes.

Quinze jours après, la dot est mangée.

D'où cet aphorisme? « Mères, ne soyez pas trop empressées de marier vos filles. Un jour nous publierons *l'art de prendre des renseignemens.*

§. **14**. Ne donnez jamais, n'envoyez

jamais , ne laissez jamais traîner un billet quittancé.

Méditez l'affaire Roumage.

§. 15. Avez-vous vu sur les murs de Paris , ces petits carrés de papier blanc , entourés de noir , qui se trouvent placardés on ne sait comment ?

Ces affiches annoncent toujours que, rue de la Huchette , rue de la Tixéranderie , rue de la Haumerie , rue du Cadran , on trouve une maison de confiance qui place les ouvriers , les domestiques , les portiers , dégage les effets du Mont-de-Piété , etc., etc.

Envieux de signaler les brigandages de ces négocians de crédit qui vendent si cher la fumée , nous avons été voir *un de ces honorables établissemens.*

Qu'on se figure une allée obscure ,

un escalier dont les marches sont si chargées de terre durcie, qu'en la retirant, on ferait un terrassement à un canal de première classe.

On ouvre une porte à loquet, et là on voit un monsieur, les cheveux ébouriffés, les mains noires, assis devant un bureau qui ressemble assez à ceux des écrivains publics de la salle des Pas-Perdus.

Lorsqu'un malheureux arrive à Paris pour se placer, il débarque là, séduit par ces affiches qui déshonorent nos monumens publics. On ouvre un registre, on prend ses nom, prénoms, son adresse, quelques menus renseignemens; et *la matière plaçable* donne un écu par mois : trente-six francs par an.

Ces hommes-là vivent, dupant les maîtres et les valets : aux uns ils promettent la perle des domestiques ; aux autres monts et merveilles, tirent deux moutures d'un sac, et amènent à Paris, par leurs annonces, de pauvres malheureux qui quittent leur pays et d'honorables travaux, pour devenir criminels, quand ils se trouvent sans le sou sur le dangereux pavé de Paris.

Si ces établissemens étaient dirigés dans un but utile, ils seraient dignes d'encouragemens ; mais, sur trente bureaux pareils, on en trouve un ou deux, tout au plus, à peu près irréprochables.

Lorsqu'il s'agit de dégager des reconnaissances du Mont-de-Piété, c'est un vol, un brigandage dont on ne saurait se faire une idée.

Le Mont-de-Piété prête à plus de douze pour cent. (Voyez l'article du Mont-de-Piété, aux *industries* privilégiées.) Vous sentez que l'offre de dégager n'est qu'une manière de renchérir sur l'usure.

Mais si l'on consulte les honorables directeurs de ces établissemens, par combien de raisons ne justifient-ils pas leur négoce! Quels orateurs!

§. **17.** Un jeune homme élégant, bien mis se fait annoncer chez mademoiselle B...., artiste du premier Théâtre-Français; il débute auprès de l'intéressante *dona* en mettant sur la cheminée trois billets de mille fr.

Il est parfaitement reçu; on le trouve charmant. Que de choses à dire !...

Après ; le jeune homme, prenant un air sérieux, tire de sa poche une quittance sur papier timbré, et, la lui présentant, demande sa signature. « Et pourquoi voulez-vous que je vous donne un reçu ? » dit-elle en souriant.

— « Mademoiselle, je vous apportais, de la part de M^e. P......, notaire, le quartier de la rente que vous a constituée M. le comte de.... »

Ces pauvres actrices !... Ces diables de clercs !....

§. 18. Si par hasard ce livre va en province, où il faudrait, par parenthèse, qu'il fût médité, que l'on se mette bien dans la tête qu'à Paris l'on ne croit pas qu'il y ait des gens assez simples pour acheter des remèdes aux empiriques et aux charlatans. Cependant les *bols*, les *grains*, les *fioles*, les *mixtures*, les *robs*, les *médecines curatives*, les *gouttes*, les *élixirs*, et cinquante compositions semblables se débitent; et il y a quelquefois même des jeunes gens à Paris qui se prennent, dans certains cas, aux promesses que leur font des affiches où le nom de Vénus est indignement compromis : car cette charmante déesse ne pouvait souffrir Apollon.

§. **19.** Il y a sur les boulevards deux hommes que tout le monde connaît. L'un se traîne sur deux béquilles, le pied gauche en écharpe; il n'a pas plus mal au pied que vous. Il a marié dernièrement sa fille, et lui a donné quatre-vingt mille fr. de dot.

L'autre se promène lentement, il est assez bien vêtu, et vous dit fière-ment : « Je demande l'aumône ! » Il a acheté une terre en Provence. Le voilà éligible !

§. **20**. Fuyez en général tous les *bons marchés* ; il faut se connaître beaucoup en marchandise pour n'être pas dupé. Les bougies à deux francs sont du suif ; le drap à quinze francs est reteint et peigné. Cependant Paris est tapissé d'emphatiques annonces et tous les jours on s'y prend.

Retenez qu'il y a une foule de niais, et que l'on fait la moitié des choses de ce bas monde pour eux. Or, vous n'êtes pas niais ; et la preuve, c'est que vous appréciez ce livre.

Un jour, en France, un Écossais,

nommé Law , se trouva en train d'escroquer tout le royaume. Ce Law passe généralement pour le plus grand homme produit par la classe des coquins ; mais aujourd'hui les politiques avouent qu'il est le fondateur du système des banques et du crédit! Vous voyez qu'il y a des temps où une escroquerie est mieux reçue qu'en d'autres. Par le temps qui court, l'Écossais serait peut-être ministre inamovible.

§. 23. Nous emprunterons au spirituel auteur de l'*Art de faire des Dettes* cette maxime :

« Vous êtes autorisé à envoyer promener pendant deux ou trois ans les fournisseurs qui vous font payer trop cher leurs marchandises. »

Titre troisième.

VOLS AVEC EFFRACTION.

LES voleurs avec effraction sont, parmi les petits voleurs, regardés avec un certain respect. Si les voleurs simples sont les bacheliers de cette faculté, et les escrocs les licenciés, ceux-ci doivent être les docteurs, les professeurs émérites.

Ils ont parcouru tous les grades, possèdent toutes les sciences ; et, opérent *in utroque jure*, tout est de leur domaine.

Ce sont eux qui disent avec un sourire de mépris, en passant devant la police correctionnelle, lorsqu'on amène des prévenus : « Ce sont des petits voleurs! »

C'était un voleur avec effraction, celui qui, pendu pour un vol de cent mille écus, dit à son confrère condamné pour un vol de ferraille : « Sont-ce là des clous!... » Il avait un sentiment profond de sa supériorité, et le mépris de ce professeur fut peut-être plus cruel pour son collègue que la corde.

Si l'on peut comparer les divers personnages de ce livre à ceux d'un mélodrame, le *voleur effractionnaire* sera le brigand sans foi ni loi, qui ne craint ni Dieu ni diable, portant de longues moustaches, ayant les bras nus, les yeux rouges, et demandant où il *faut travailler.*

L'escroc sera le brigand à dehors honnêtes; et les voleurs simples, les niais.

Il serait difficile de donner un portrait exact du voleur effractionnaire. Il sort presque toujours des derniers rangs de la société; et ses crimes étant proportionnés à ses besoins, l'humanité frémit de voir un malheureux consommer un vol qui le conduira pour dix ans au bagne, par le seul appât d'une douzaine de cuillères ou d'une centaine de louis.

Le héros des voleurs effractionnaires fut celui qui, condamné à cent ans de galères, revint tout récemment à cent vingt-un ans dans son pays.

Il ne reconnut *Bourg*, sa patrie, dans le département de l'Ain, qu'à l'église de Brou : il accourait avec délices respirer l'air natal.

Il avait triomphé des lois, des fers, des hommes, du temps, de tout.

C'était un voleur privilégié de la nature.

Il ne retrouva ni parens, ni amis : ce fut un nouvel Épiménide.

Tout étonné de marcher en liberté, il allait recueillant les hommages dus à ses cheveux blancs, et ne se souvenait plus de son crime que comme d'un songe perdu dans ceux de son enfance.

Il trouva sa postérité morte; et lui, criminel, était encore debout sur la terre pour être une preuve vivante de la clémence humaine et divine.

Il regretta peut-être ses fers, dut se plaindre de n'avoir pas sa chaîne. Ce patriarche des voleurs, leur portrait idéal, leur gloire, vit encore; on va consulter son expérience centenaire; on le visite comme un monument; c'est un pélerinage sacré comme celui de la Mecque; et chaque effractionnaire se souhaite une vie aussi pleine, aussi entière, et espère triompher comme ce doyen, des galères et des hommes.

M. Jouy a, dans les *Ermites en Prison*, assez agréablement conté l'histoire d'un effractionnaire, le doyen des voleurs de Paris : il est très-connu, a été honnête homme et fripon tour à tour. C'est lui qui a légué ce mémorable précepte : « Ne vous amusez jamais aux écus de cinq fr. quand vous forcez un secrétaire. »

Il est difficile de se prémunir contre les vols consommés à l'aide de l'effraction.

La loi qui y attache des peines plus graves est juste. Cette loi s'est dit en elle-même : « Le citoyen a pris toutes ses mesures ; il dort tranquille sur la foi de sa clef pendue avec ses breloques ; il croit aux bonnes mœurs et à l'inviolabilité des serrures ; et pendant qu'il repose en paix, un scélérat brise les portes, les volets, les secrétaires, emporte tout ; cet abus de con-

fiance épouvantable mérite une répression plus forte que le vol qui, s'offrant de lui-même, présente, pour ainsi dire, les cheveux de l'occasion à l'homme indigent ».

CHAPITRE PREMIER.

Le vol avec effraction est un moyen d'acquérir la propriété prévu par le Code comme tous ceux que nous avons signalés jusqu'à présent; mais celui-ci est un vol contre lequel nous n'avons pas beaucoup de remèdes à offrir : il est brutal et imprévu. L'art de Lavater est même inutile pour l'éviter; mais, en revanche, d'habiles mécaniciens fabriquent des serrures de sûreté, des coffres, qui coûtent

cent louis, mille écus, douze mille fr., trente mille fr.

Pour beaucoup de gens le remède est pire que le mal.

Un serrurier habile a inventé un instrument qui s'adapte aux serrures; et si l'on vient à toucher la clef, un pistolet part, allume une bougie, et prévient ainsi l'honnête homme qui dort sur les deux oreilles.

On fait également des volets en tôle et des persiennes de bronze qui ont leur mérite; ainsi l'on peut choisir.

Par le système actuel du mouvement des fonds et la législation des hypothèques, on n'a plus guère d'argent chez soi, comme cela se pratiquait jadis, et les vols par effraction deviennent rares. Ces actions téméraires ne font plus trembler que certaines personnes qui, par état, sont obligées d'avoir des sommes très-fortes toujours prêtes ; mais ordinairement les banquiers, les négocians, les agens de change, les notaires ont des caisses heureusement construites.

Le vol avec effraction, commis de nuit, ne peut donc plus être redouté que par les personnes qui ont des sommes considérables à recevoir , ou qui possèdent des diamans ou d'autres objets précieux. De ces deux cas sortent les aphorismes suivans :

§. 1. Ne dites jamais que tel jour

vous avez un remboursement à faire ou à recevoir.

Si vous êtes forcé d'apporter beaucoup d'argent chez vous, faites-le le plus secrètement possible. Préférez les billets de banque à l'or (1), et l'or à l'argent.

§. 2. Quand on a de beaux diamans, il faut les cacher dans un meuble à secret; que le meuble surtout soit

(1) Lorsque nous avons écrit ces lignes (en 1824), la Banque faisait honneur à tous les billets qu'on lui présentait. Il n'en est plus de même aujourd'hui. Un grand nombre de faux billets de 500 fr. ayant été jetés dans la circulation, la Banque a cru pouvoir les refuser à présentation. Cette mesure a porté un coup funeste au crédit de la Banque, et un homme prudent ne reçoit plus de billest de 500 fr. sans endos.

assez lourd pour qu'on ne puisse pas l'emporter.

§. 3. Il y eut un temps où, à Paris, un prince du sang et les gens de sa cour s'amusaient la nuit à voler les passans, à briser les portes, à se battre contre le guet. Ce temps peut être regardé comme l'âge heroïque des voleurs avec effraction.

§. 4. Les négocians assez fous pour croire qn'un beau tableau leur fera vendre une aune de drap de plus, doivent bien se garder de laisser leur enseigne la nuit.

§. 5. La coutume d'avoir des porte-feuilles à serrure et à secret est très-bonne.

Mais le voleur emporte le porte-feuille.

§. **6.** Avant la révolution, les boutiques du Pont-Neuf étaient occupées par les détaillans des objets les plus rares. Le Pont-Neuf étant la seule communication centrale, les marchands y faisaient de rapides fortunes. Le loyer de ces petites boutiques était de cent louis, et appartenait à l'Académie.

La garde de ces petites tours était commise pendant la nuit à un poste de gardes-françaises qui se tenait au milieu du pont; et les marchands, certains qu'un œil vigilant veillait sur la serrure de leurs boutiques pendant toute la nuit, et que de bons réverbères éclairaient le pont, après avoir eu soin de bien fermer leur magasin, se retiraient chez eux. Les plus défians

faisaient coucher un apprentif dans la boutique.

Une nuit, un filou se présente au corps-de-garde, prie le chef du poste de lui donner de la lumière pour ouvrir sa boutique, et de l'aider à charger une voiture qui part pour une foire de province. Le poste détache deux gardes, qui facilitent l'ouverture de la boutique, des comptoirs et l'emballage des marchandises.

Le lendemain, on apprit la vérité; et ce vol est resté comme un exemple de l'audace des effractionnaires avant la révolution.

§. **7.** Une femme qui sort du spectacle quand il y a une grande foule, doit, lorsqu'elle est parée pour aller au bal, prendre garde aux diamans qu'elle a aux oreilles.

On cite, à l'appui de cet aphorisme, l'exemple d'une noble dame à qui un filou arracha une de ses boucles d'oreilles avec un incroyable sang-froid. Quand elle cria, les diamans étaient déjà loin, et le voleur imperturbable s'offrit à panser l'oreille, en déclamant contre la police qui se faisait mal.

Nous avons jugé que c'était un vol avec effraction.

Le filou qui pansait la dame et s'intéressait à elle, était soi-disant le comte de..... Il s'offrit à faire retrouver la boucle d'oreille ; et, pour faciliter ses recherches, emprunta l'autre.

§. 8. En Angleterre, on punit, par

un long emprisonnement et une forte amende le baiser qu'un jeune homme donne à une jeune miss au-dessous de dix-huit ans, malgré elle.

Nous ne savons pas si les législateurs ont considéré cela comme un vol avec effraction; mais, en France, ce délit ne peut être atteint par les lois.

Le dernier exemple de l'application de la loi anglaise a eu lieu à Londres en 1828.

§. 9. Voici l'opinion du grand Frédéric sur un vol avec effraction, qui, de nos jours, eût entraîné l'application d'une loi nouvelle, dont l'effrayante sévérité a, lors de sa promulgation, excité de vives alarmes.

Un soldat ayant vu à une Madone de beaux diamans, les lui enleva. Arrêté, il fut condamné à mort. Il demande à parler au roi : on le lui accorde. « Sire, dit-il, les catholiques conviennent que la Sainte Vierge peut faire des miracles, et c'est vrai ; car en entrant dans l'église, la Madone m'a fait signe, je me suis approché : alors elle m'a dit de prendre ses diamans, parce que j'étais bon militaire et dans la détresse. »

Frédéric II assembla des docteurs pour savoir si la Sainte Vierge avait la faculté de faire des miracles. Sur leur réponse affirmative, il accorda au soldat sa grâce entière. Mais un ordre du jour enjoignit à ses troupes de ne jamais rien accepter de la Sainte

Vierge ni des autres Saints, sous peine de mort.

§. 10. Le vol avec effraction le plus épouvantable qui se soit commis de mémoire d'homme, est celui du duc d'Anjou, qui, à la mort de Charles V, fit mettre Savoisy à la question; et, sur ses aveux extorqués à force de supplices, crocheta les coffres scellés dans les murs du château de Melun, et vola les dix-sept millions amassés par Charles-le-Sage, son frère. Ces dix-sept millions vaudraient vingt fois plus aujourd'hui.

§. 11. Un des hauts faits des voleurs avec effraction, c'est d'avoir récemment, sur le boulevard Montmartre, en face du théâtre des Variétés, déménagé là boutique d'une lingère, à la barbe des gendarmes de faction devant le théâtre.

§. **12**. Lorsqu'on voyage par les diligences, il arrive quelquefois que, pendant la nuit, un homme monte sur la voiture et crochette les malles, les paquets, etc.

Un honnête homme emporte le moins qu'il peut de paquets en voyage.

Quand on a des malles considérables, on les fait partir long-temps à l'avance par le roulage, qui assure leur valeur.

Les messageries en répondent bien aussi ; mais est-on jamais d'accord sur la valeur ? Chacun ne prétendrait-il pas avoir perdu beaucoup ? La messagerie répond en théorie, mais jamais en pratique, des objets que portent avec eux les voyageurs.

§. **13.** Beaucoup d'honorables personnes mettent à la porte de leur appartement une barre de fer qui, à l'intérieur, la traverse dans sa largeur. Cette méthode est bonne ; mais il ne faut jamais faire les choses à demi : alors on doit barrer de même les croisées, ou doubler les volets en tôle.

§. **14.** Nous tenons d'un avare très-distingué, qu'il faut toujours avoir une trappe à ses cheminées, et ne pas regarder à cette utile dépense, parce qu'il est étonnant que les voleurs n'aient pas eu plus souvent la pensée de s'introduire par les cheminées.

Cette remarque étant très-judicieuse, nous l'avons consignée ici, afin qu'elle porte profit aux honorables personnes qui ont des fonds chez elles.

La trappe a encore cet avantage, qu'elle empêche les feux de cheminée, et met ainsi à l'abri de l'amende de cinquante francs, à laaquelle on est condamné en pareil cas.

§. 15. Rien n'est si utile que de garder toute la nuit une lumière vive dans son appartement.

§. 16. Nous ne pouvons donner des aphorismes, citer des exemples ou rapporter des anecdotes sur les vols considérables que commettent les filles publiques.

Qu'il suffise de savoir que Paris en renferme trente mille !.... Grand Dieu ! trente mille !....

Résumé du Livre premier.

—

Honnêtes gens, que ce tableau moral a frappés d'horreur, vous vous écrierez sans doute : « Hé bon Dieu ! quelle caverne ! Quels sont les moyens que prend le gouvernement contre un danger pareil? En effet, vingt mille escrocs, dix mille petits voleurs, cinq mille voleurs avec effraction, et trente mille honnêtes filles vivant du bien d'autrui, font une masse de soixante-dix à quatre-vingt mille personnages

un peu difficiles à administrer !... Et
quelles sont les ressources de toutes
ces créatures-là? Où se retirent-elles?
que deviennent-elles ?.....

Ces questions sont justes, légitimes; et vous avez d'autant plus raison de vous effrayer, que vous n'a-
vez encore lu que le tiers de ce livre
si moral, si instructif, si léger en
apparence, si profond en réalité! Ah!
vous allez en voir bien d'autres; et
après avoir achevé, vous conviendrez
que les petits voleurs, que les gens
comme il faut du titre II, que les effractionnaires du titre III, et les
femmes à ceinture *non dorée*, ne sont
pas ce qu'il faut le plus craindre : plus
vous monterez sur les degrés de l'é-
chelle sociale, plus les moyens d'ac-

quérir la propriété deviendront subtils.

Pour toute réponse à vos questions, nous allons vous donner quelques aperçus sur les destins de ces industriels, auxquels nous disons adieu.

Si Paris a huit cent mille âmes de population, vous voyez que, les petits voleurs étant au nombre de quatre-vingt mille environ, il se trouve évidemment un coquin sur dix honnêtes gens, une femme douteuse sur dix honnêtes femmes.

Vous réfléchirez à cela, c'est un sujet perpétuel de défiance. Mais songez que la mort exerce des ravages d'une manière effrayante sur cette classe ignorée : ses mœurs, ses habitudes, les maladies auxquelles elle est en proie, le défaut d'une nourriture saine, le manque de soins, l'usage des liqueurs, et tant d'autres passions, énervent et consument incessamment cette caste de Parias : la mort les décime. Ces gens-là, de même que telle petite-maîtresse, car les extrêmes se touchent, vivent un an par jour.

Ensuite la police parisienne a un besoin perpétuel d'agens secrets connaissant bien les ruses des voleurs, leurs détours; habiles à en saisir le ton, les allures, le langage; il lui faut des coupe-jarrets, qui aient une sorte de science infuse avec la vie, pour aller dans les bois s'affilier aux voleurs de grand chemin et les découvrir, pour jouer des rôles de tous genres et dans tous les états. Cette armée, dont le général, successeur du manufacturier Vidoc, a nom Coco-Lacour, peut passer pour les invalides des voleurs. Ils sont là dans une sphère qui leur plaît : ils restent, nouveaux Janus, honnêtes d'un côté, coquins de l'autre, exerçant par fois leur ancien métier, et toujours à l'abri de la justice.

Ces agens inconnus forment encore un monde à part, qu'il n'avait été donné à personne de décrire, avant que M. Vidoc eût publié ses mémoires.

Ce monde est un des principaux asiles des voleurs; celui qu'ils ambitionnent le plus.

Ce n'est pas tout. Les politiques n'ont point inventé les bagnes, les maisons d'arrêt, etc., pour le plaisir d'appliquer les articles du Code, et nous mettrons les galères et l'emprisonnement au nombre des prytanées des petits voleurs.

Sous Charles VI, vint en France un certain cardinal Vinchester, qui fit bâtir près de Paris un château superbe. Vous ne voyez pas quel rapport peut exister entre un cardinal anglais et les filous? Eh bien, il n'en est pas moins vrai qu'ils ont fini par lui voler son château pour en faire une de leurs maisons de campagne; et Bicêtre (venu par corruption de Vinchester) est un réservoir où vivent encore quatre mille gueux heureux comme le poisson dans l'eau.

Avez-vous vu quelquefois ces malheureuses femmes qui vendent des billets de loterie, qui ramassent avec un crochet vénérable les vieux chiffons ; ces hommes qui se louent pour s'affubler de drap noir et faire les pleureurs aux enterremens ; enfin les chiffonniers, les cureurs de ruisseaux, les balayeurs, les hommes et les femmes qui vendent de mauvais fruits, du cirage, qni annoncent les parades, qui courent les rues sur des échasses, qui jouent de la clarinette, vendent de l'eau de Cologne, charlatanisent sur les places publiques, avalent des épées, retiennent des places dans les foules et les revendent aux amateurs de spectacle.

Les avez-vous vus, avez-vous eu le courage de les questionner, de creuser leurs fronts ténébreux pour trouver la vérité? Vous auriez appris que la mort rapide, Bicêtre, la police, les prisons, les bagnes, et ces dégoutantes professions que vous ignorez, forment la véritable caisse d'amortissement qui pompe, par mille canaux secrets, cette effroyable armée des cent mille coquins : mais telle est la constitution de la société, telle est la vigueur de la misère et la faiblesse de l'opulence, que l'infortune emprunte perpétuellement cent mille individus aux huit cent mille qui composent la population parisienne, pour les dévouer au malheur. Aucun système de gouvernement ne peut empêcher cette terrible fluctuation ; et le seul état qui y ait réussi, fut jadis la Hollande au moyen d'un commerce immense.

Vous frémiriez en questionnant une femme aux yeux éraillés, au visage effroyable, à peine couverte de vêtemens qui, bariolés de boue, tombent en se déchiquetant. Ses pieds sont autant sur le pavé que dans ses souliers; son rire est hideux; sa chevelure grise tombe par mèches longues; sa voix est rauque, ses mains noires.

Elle a eu ses beaux jours; elle a été une des belles femmes de Paris; ce pied, jadis mignon, chaussé par la soie, reposait sur l'édredon; elle avait une voiture superbe, mangeait dans le vermeil, causait avec des princes; on payait son sourire, ses dents appelaient le baiser, sa chevelure flottait ondoyante, et son organe était divin : elle avait ses gens, dédaignait les mets les plus délicats.

Elle boit de l'eau-de-vie aujourd'hui !

Pour vouloir décrire les nuances imperceptibles qui l'ont fait déchoir, il faudrait composer un livre entier : et quel livre !

Non loin de cette femme, vous verrez un balayeur, si drôlement caricaturé par Charlet, que c'est folie d'essayer à le peindre : ce balayeur a été un *fashionnable*, un *dandy*, un petit-maître dans son jeune temps : il a brûlé, sous les roues d'un char élégant, le pavé qu'il nettoie, et son regard plonge sur un équipage comme celui d'un damné dans le paradis.

Il est douloureux de forcer un honnête homme, un homme comme il faut, des gens de bon ton, de petites-maîtresses, à considérer de pareils tableaux; mais ils portent avec eux leur utilité. C'est l'étoupe qu'on brûle à l'avènement du saint-père... *Sic transit gloria mundi*; ce qui veut dire : « Pensez à l'avenir. »

Il y a des gens qui ne peuvent imaginer qu'à deux mille lieues il y ait des Sauvages; et ils ne voient pas ceux qui les cernent, les entourent et les pressent au sein de Paris.

—

LIVRE DEUXIÈME.

DES CONTRIBUTIONS VOLONTAIRES-FORCÉES LEVÉES PAR LES GENS DU MONDE DANS LES SALONS.

Les classes honnêtes se courrouceront peut-être de se voir opposées aux industriels qui figurent dans le livre premier. O crime abominable ! les faire contraster ainsi, se servir d'elles comme de nuances pour s'élever de la canaille aux grands voleurs du livre III ! C'est un tort impardonnable ! Mais ne faut-il pas que tout le monde soit passé en revue ? Et puisque les rois absolus et leurs em-

prunts, les gouvernemens constitu-
tionnels et leurs dettes inextinguibles,
seront examinés ici comme au jour
du jugement dernier, nous ne voyons
pas pourquoi les gens comme il faut
ne seraient pas traduits aux yeux de
l'opinion.

Ce livre est donc consacré tout entier à ces industries de bon ton qui,
fort en usage parmi le beau monde,
n'en sont pas moins traîtresses à la
bourse. Ces jolies manières de vous
prendre votre argent, toutes gracieuses, toutes gentilles et loyales
qu'elles puissent être, n'en deviennent pas moins mille fois plus dan-
gereuses pour votre patrimoine que
les manœuvres infâmes contenues au
livre premier. Que l'on vous tue d'un

coup de bâton ignoble, ou par un dégagé en tierce, bien civil, bien poli, vous n'êtes pas moins mort!

Il est tellement difficile de classer ces impôts indirects, levés par les gens de bonne compagnie, que nous les avons exposés sans aucune nomenclature. En effet, cette volerie de bon ton est indéfinissable ; c'est un fluide qui échappe à l'analyse.

Est-ce une mauvaise action ? non ; est-ce une escroquerie ? non ; encore moins un vol ; mais est-ce parfaitement loyal ?..... Chaque sommation que l'on vous adresse est bien, comme tout ce qui se fait en France, appuyée par tout ce que l'esprit, la politesse et l'humanité ont de plus séducteur ; sans cela elle serait ridicule, et le ridicule est tout ce que nous craignons ; mais l'appel fait à votre bourse a toujours une tournure telle, que la conscience violentée murmure en souriant. Enfin cette industrie, si difficile à classer et à définir, se trouve si bien sur la limite qui sépare le juste de l'injuste, que les casuistes les plus habiles ne peuvent la ranger ni d'un côté ni de l'autre.

En plaçant ces métis dans le livre II, nous les avons mis entre les grandes *industries* et les petits voleurs ; c'est comme un terrain neutre qui convient à ces personnes honorables ; et cette classification est un véritable hommage rendu aux mœurs françaises et à la supériorité de la bonne compagnie.

Un honnête homme doit d'autant plus se tenir sur ses gardes, que les caméléons, dont nous essaierons de saisir les couleurs et les formes, se présentent sous les jours les plus favorables. Ce sont des amis, des parens, et même, ce qui est sacré à Paris, des *connaissances*. Acteurs dans ces petits drames, ils frappent droit au cœur, émeuvent la sensibilité, les sens, placent l'amour-propre en de cruelles perplexités, et finissent toujours par vaincre les résolutions les plus héroïques.

Pour vous mettre à l'abri de cette pluie de demandes légitimes, souvenez-vous perpétuellement que l'égoïsme est devenu une passion, une vertu chez les hommes ; que peu d'âmes en sont exemptes, et qu'il y a cent à parier contre un que vous êtes victimes, vous et votre bourse, de ces belles inventions, de ces enthousiasmes de générosité, de ces complots honnêtes auxquels on n'est que trop enclin à payer tribut.

Rappelez-vous toujours ce mot énergique de je ne sais quel homme bien pensant : « Mon ami, il n'y a pas d'amis. »

Ici nous n'avons pas de type à offrir ; chaque paragraphe sera un portrait ressemblant, une physionomie nouvelle, et le lecteur pourra y reconnaître bon nombre des misères de la vie.

§. 1. Votre domestique entre tout effaré.

« Monsieur, voici deux dames,
l'une est comtesse, l'autre marquise;
elles veulent vous parler. »

— « Sont-elles jeunes ? »

— « Assez. »

— « Jolies ? »

— « Oui, Monsieur. »

— « Faites entrer. »

Votre visage prend un air agréable,
vous vous regardez dans la glace, vous
passez vos doigts dans vos cheveux
en ramenant quelques boucles sur
les tempes; enfin vous avez pris une
attitude......, cette certaine attitude :
vous savez ?.....

Malheureux, vous vous bercez
d'idées légères; vous ne pensez pas à
l'argent, à l'argent monnoyé, à ces
pièces rondes affligées de tant de ma-

ladies : les budgets, les amis, le jeu, les contributions : non, vous n'y pensez pas.

Elles sont entrées, elles sont jeunes, elles sont belles, nobles, charmantes; il y a plus, leur chaussure mignonne est sèche.

Tout à coup votre figure est devenue froide; vous affectez la sévérité, le mécontentement, vous n'osez plus regarder ces dames.

Ah! vous avez vu la bourse en velours rouge à glands d'or, et vous entendez cette phrase banale depuis quatorze ans :

« Monsieur, votre humanité, votre bienfaisance nous font espérer que notre visite en faveur des petits séminaires ne sera pas infructueuse....»

Ces dames vous tendent la bourse, terrible argument *ad hominem*. A travers leur ton suppliant, elles vous laissent apercevoir qu'elles sont habituées à commander.

Il y en a qui se rejettent sur ce que le clergé est devenu riche, et qu'ils sont eux-mêmes pauvres..... Mauvais moyen !

Des catholiques osent se dire protestans, et cela pour gagner cent sous ! Le mensonge à si bon compte est plus qu'un péché.

Après avoir consulté plusieurs casuistes, nous nous sommes assurés que la phrase que nous allons transcrire ne renferme rien de blâmable ; elle est le port où se réfugient nombre d'honnêtes gens : elle empêche les charitables dames de revenir.

Sans aucun étonnement l'on répond : « Mesdames, je suis flatté qu'un motif si honorable me procure l'honneur de vous recevoir ; mais je suis d'une *Communion* différente, et vous sentez que nous avons nos pauvres. »

COMMUNION.

Ce mot *communion* signifie *diocèse*, *paroisse*, *réunion de fidèles*, comme il signifie aussi la confession d'Augsbourg, le protestantisme, etc.

Cette décision ayant été donnée par de respectables jésuites, qui pensent que l'on peut d'ailleurs faire, pour plus de sûreté, *une petite res-*

triction mentale, on peut la suivre ; elle tire d'affaire avec honneur, surtout si l'on met une grande politesse avec les deux dames.

§. **2.** Quand vous gagnez au jeu, gardez-vous de le laisser apercevoir. Si on vous demande formellement : « Gagnez-vous ? » renfermez-vous dans une de ces phrases qui ne disent rien.

N'y a-t-il pas toujours là un ami intime qui perd tout son argent ? et l'on rend si lentement, si difficilement ! la mémoire est si courte et la vie si longue !

Voici quelques réponses d'usage :

Je ne fais rien ;

Je ne perds ni ne gagne ;

Je suis comme en entrant au jeu.

Il y en a qui poussent la précaution jusqu'à dire : « Je perds. » Cette ruse ne doit être mise en usage qu'avec un de ces hommes immoraux, véritables sangsues d'une bourse débonnaire.

Plusieurs gens sages se contentent de faire une grimace, une petite moue, qui laisse l'emprunteur dans l'indécision. Nous penchons assez pour le froncement des lèvres : il ne compromet jamais et signifie tout.

§. 3. Ceci est presque une extension du paragraphe précédent.

Jeune homme, qui faites vos premiers pas dans le monde, lorsqu'il s'agit de jeu, retenez bien le principe que nous allons essayer de graver dans votre mémoire.

Quand vous arriverez dans un salon où votre vieille tante, votre respectable grand-père ou votre oncle....... (vous connaissez ce vieil oncle en perruque, qui ne parle que du parlement Maupeou, et de l'exil que lui, conseiller au parlement, a subi à Pontoise?); lorsque, dis-je, quelqu'un parmi vos grands-parens vous introduira dans un salon, afin de vous lancer dans le monde, vous apercevrez peut-être une rangée de douairières et de vieillards.

Ne riez pas, vous seriez perdu; faites-leur mille politesses, aux vieilles surtout; dites comme elles; soyez galant et vantez l'an 1760, car il faut songer qu'elles ont des filles de quarante ans et des petites filles de dix-huit. Alors, un beau jour, avec cette tactique, vous serez tout étonné d'entendre dire partout que vous êtes un fort aimable jeune homme.

Si l'on veut vous faire jouer, gardez-vous d'y consentir, et répondez que vous ne connaissez aucun *jeu* : dites même cela en souriant.

Souvenez-vous, 1° que toutes ces vieilles têtes-là sont de l'ancien régime, sous lequel on ne se faisait aucun scrupule de tricher au jeu ;

2° Qu'elles savent le *boston*, le *wisk*, le *reversi*, comme vous l'écarté : vous perdriez toujours ;

3° Que vous leur feriez ainsi une rente de cinq ou dix francs par semaine, et que le jour où vous sauriez jouer, vous ne seriez plus un *aimable jeune homme.*

Ceci est très-important : les vieilles femmes en savent que causer, et ce sont elles qui font les réputations.

§. 4. Si vous êtes connu pour riche, vous aurez toujours de la peine à éviter une de vos parentes, dont voici le signalement :

Elle est d'un âge incertain , et, sans avoir une grande fortune, ne rêve que la bienfaisance. A défaut d'un manteau, elle aurait donné je ne sais quoi aux pauvres.

Elle a toujours rencontré un pauvre homme ou une pauvre femme.

Si c'est une pauvre femme : elle a des enfans à nourrir, et ne possède rien ; elle vient d'accoucher sur la paille ; ou bien elle est malade, et n'a pas de quoi se procurer un bouillon, etc.

Si c'est un homme : il a vu sa ferme incendiée ; il est tombé du haut d'un échafaudage ; il est père de deux, trois, quatre, cinq, quelquefois six enfans, et il n'a pas un sou.

Quand l'histoire est racontée, elle ajoute : « J'ai déjà trouvé deux cent francs pour eux dans la famille, et parmi mes connaissances, etc. »

Elle ne vous dira jamais ce qu'elle a donné ; mais elle vous suppliera de grossir le trésor de ses indigens.

Songez que la véritable charité est silencieuse et voilée ; elle donne directement sans bruit, ne parle pas, et rougit de la reconnaissance.

Ergo, éconduisez la parente. Ceci est difficile, car les vieilles parentes sont fines, elles ont vécu, et leur langue est dangereuse.

Il y a une marche à tenir. Lorsque la bonne parente arrive, témoignez-lui une vive amitié, persuadez-la que votre argent est à son service, donnez-lui un bon dîner (toutes les vieilles femmes sont gourmandes), soignez-la bien; et quand vous refuserez de secourir son protégé, vous aurez si bien enfermé sa bienfaisance entre la reconnaissance du ventre et la peur d'offenser un parent *si aimable*, qu'elle n'osera peut-être pas élever la voix.

Si la parente est ennuyeuse, désagréable, cessez de la voir par degrés; allez souvent à *votre campagne*; soyez

sorti; mais quand vous la rencontrerez , témoignez toujours être désespéré : « Oh ! ma bonne tante , que je
suis aise de vous voir! Mais vous ne
venez jamais nous visiter. »

§. 5. A l'égard des parens pauvres,
il y a une conduite à tenir ; elle est
l'écueil du genre. Il faut opter entre
la réputation d'un cœur dur ou celle
d'un homme bienfaisant.

§. 6. Refusez , si cela se peut , la
tutelle des orphelins sans fortune qui
ne sont pas de votre famille.

Néanmoins , assister de loin, secourir un orphelin sans se faire connaître, devenir une sorte de dieu pour
lui, le conduire dans la vie, l'arracher
au malheur , est un plaisir que l'on
peut payer tout comme un autre.

§. **7.** Un chapeau neuf coûtant une somme considérable, en comparaison du prix qu'on retire d'un **vieux chapeau**, nous consignerons ici un aphorisme que Cicéron ne formulerait pas autrement :

« N'allez jamais au bal avec un bon chapeau, pas même chez les ministres. »

En 1827, un huissier du ministère de l'intérieur répondit à un honnête homme qui, vers une heure du matin, lui demandait son chapeau en disant : « Monsieur, il est tout neuf. — Des chapeaux neufs !... Monsieur, passé onze heures, il n'y en a plus. »

C'est cette confusion de chapeaux qui a fait venir la mode de les tenir à la main.

§. **8.** Quand vous aurez une campagne à vendre auprès de Paris, vous verrez venir des acquéreurs, surtout le dimanche ; vous leur donnerez à dîner : ils vous feront faire vingt fois le tour du clos, du parc, visiteront la ferme, etc., puis ne reviendront plus.

Voici la marche à suivre pour ne pas perdre un diner :

1°. Ne recevez personne sans un billet de votre notaire : c'est la précaution par excellence.

2°. Si vous avez oublié cette clause-là, promenez l'acquéreur avant le déjeûner, et montrez-lui votre propriété.

S'il est content de tout, s'il se promène plutôt qu'il n'examine, admire vos espaliers, vos plantations, trouve tout bien, même le prix qui n'est *qu'un peu élevé*, soyez sûr que ce n'est pas un acquéreur ; ne l'invitez pas à dîner.

§. 9. Ne vous liez jamais avec les présidens ou vice-présidens des sociétés de bienfaisance, maternelle, caisse économique, bureau des indigens, caisse de secours, société de délivrance pour les prisonniers, etc., etc.

Un jeune homme de bonne famille est mis à Sainte-Pélagie. Un ami va voir le créancier, homme riche.

Cet ami, par sa position dans le monde, écartait tout soupçon d'indiscrétion ; il parle avec chaleur :

« Comment, Monsieur, vous, riche, avez-vous pu mettre mon jeune ami en prison ; vous, président d'un comité de bienfaisance, vous profitez d'une loi barbare, qui n'atteint que le malheur et jamais la malhonnêteté! »

Le paisible négociant écoutait ce discours en souriant.

« Monsieur, dit-il, votre ami ne restera pas trois jours en prison, et je serai payé. »

— « Mais il est orphelin et n'a pas d'amis assez riches pour... »

Encore un sourire du négociant.

— « Ne voyez-vous pas, Monsieur, que je l'ai fait arrêter la veille de l'assemblée du comité. »

— « De quel comité ? »

— « Du comité de la délivrance des prisonniers. Un de mes collègues fera payer les dettes de votre ami, et à la première occasion je lui rendrai la pareille. »

Ab uno disce omnes !

MONSIEUR UN TEL.

§. **10.** Un homme très aimable, et connu dans la société, s'est trouvé, à quarante ans, presque sans fortune. On le voit toujours bien mis, recherché, galant; c'est enfin *monsieur un tel.* Il a su conquérir un très bel état ; et voici comme :

Vous, père de famille, riche et ayant maison de campagne, vous avez une fille à marier ; il vous propose un gendre. Ce gendre est un charmant jeune homme, qui a une belle place, une honorable famille , un nom.

Monsieur un tel vient dîner cinq ou

six fois pour causer avec vous ; il passe les soirées , gagne au jeu, établit le compte de votre fortune , s'enquiert de la dot. On consulte mademoiselle Paméla. Paméla ne demande pas mieux. Elle aime singulièrement ce bon *monsieur un tel*, qui s'occupe ainsi de marier les jeunes personnes.

En effet , rien n'est plus sérieux , et l'entrevue a lieu au spectacle. Vous trouvez le jeune homme *on ne peut mieux* (phrase consacrée). *Monsieur un tel* est enchanté ; il vous amènera même le jeune homme : il tient tout ce qu'il a promis. Le mariage marche ; les renseignemens se prennent ; Paméla s'engoue, et le jeune homme vient souvent avec son *ami monsieur un tel* à la campagne du futur beau-père.

Après un certain temps déterminé par *monsieur un tel*, le jeune homme est forcé d'épouser une jeune personne très-riche, laide, qu'il n'aime pas. *Monsieur un tel* est désespéré; le *prétendu* est violenté par son père; et alors déclamations contre la tyrannie des parens : mais il a encore quelqu'un en vue.

Nous ne connaissons personne qui n'ait été dupe de *monsieur un tel*; nous avons deviné ce petit commerce de dîners d'amitié, de parties d'écarté lucratives. Cette profession est cachée sous les formes les plus agréables, sous l'amabilité la plus séduisante; et *monsieur un tel* est réellement un *homme charmant*.

Monsieur un tel n'a plus à payer que

son loyer, son bottier, son tailleur, et encore...... il a tant d'ordre!

Il lui est arrivé de négocier plusieurs fois de bons mariages; et alors avec quel soin il l'a proclamé: il vante ces ménages-là comme les plus heureux: c'est un *da capo* de conversation: il y revient sans cesse.

Monsieur un tel est aimé et estimé, il nous en voudra peut-être; mais nous ne l'avons pas nommé: c'est de la générosité.

Ceci s'applique aussi à *Madame une telle*.

§. **11.** Règle générale qui a peu d'exceptions: Ne vous abonnez jamais à des souscriptions. Librairie, gravure, musique, tout est compris.

1°. Quand la souscription est terminée, vous payez toujours l'ouvrage meillenr marché que les souscripteurs.

2°. La plus belle entreprise, la mieux soutenue, peut manquer.

§. 12. N'allez jamais en voiture chez les marchands, à moins qu'il ne pleuve; et même alors faites-vous descendre à quelques pas.

§. 13. Un axiome général, et qui ne souffre aucune observation, c'est celui-ci :

« En quelque entreprise que ce soit, ne soyez jamais simple actionnaire. Il faut toujours avoir le droit de s'accouder au tapis vert avec les directeurs et les administrateurs : ce tapis vert représente un plat dont il faut pouvoir prendre sa part comme à table d'hôte. »

Muni de cet axiome comme d'une longue-vue, vous apercevez l'origine d'une foule de fortunes illégitimes.

Si vous suivez l'axiome, c'est affaire de conscience.

§. 14. Ne vous mettez dans une tontine qu'avec un cœur de bronze, un estomac de fer, des poumons de tôle, un cerveau de marbre, des jambes de cerf, et encore !.... faites doubler vos chapeaux en zinc, de peur qu'une tuile ne vous casse la tête.

§. 15. Le soir, au bal, si vous gagnez, à dîner même chez un homme honorable ; ou le matin chez vous, le lendemain du jour où vous avez touché vos revenus ; enfin toujours au moment où vous avez de l'argent, et que vous ne craignez rien pour votre bourse ;

Une connaissance aimable, un ami même, un de ces gens auxquels on ne refuse rien, parce qu'ils connaissent notre situation ; mais plus souvent une dame fort aimable, engageante, spirituelle, vous racontent les infortunes d'un homme de la société.

« Oui, disent-ils avec onction, *un tel* est tombé dans la misère ; je le plains de tout mon cœur. Ah ! *c'était* un brave et digne homme : il ne mérite pas son sort. »

Là, vous faites un signe d'approbation. En effet, que risquez-vous ? Vous n'apercevez rien de sinistre pour votre bourse,

« C'est un devoir pour tous les honnêtes gens de le secourir... »

Qui n'applaudirait pas à cette maxime chrétienne si touchante, si belle,
et si banale, qu'elle signifie tout le
contraire ?

« Enfin, ajoute-t-on, je ne sais pas
comment cela se fait ; mais son malheur est tel, que le pauvre diable n'a
pas un écu. »

Là, vous vous doutez de quelque
piége : il y a des pressentimens salutaires.

Alors vous dites quelque phrase,
et c'est toujours ce que vous pouvez
trouver de plus insignifiant. Enfin,
pour échapper, vous feignez de chercher des yeux une connaissance dans
le salon.

Il est trop tard ; on vous tient, on vous regarde, et l'on ajoute : « Il a été forcé de vendre : »

« Un bel Elzévir, » si c'est un homme de lettres ;

« Un tableau, » si c'est un peintre ;

« Un beau meuble, » si c'est un homme du monde ;

« Une belle porcelaine, » si c'est un journaliste ;

« De la vaisselle plate, » si c'est un artiste dramatique ;

« Des bagues, » si c'est un seigneur déchu.

Et remarquez qu'il y a toujours des circonstances intéressantes : l'auteur a eu des succès ; le peintre a été à Rome ; le banquier est un sot qui n'a pas eu l'esprit de faire faillite ; le seigneur a été un personnage.

« Vous devriez bien, dit-on d'un air sentimental, prendre des billets : le prix est si modique ! Pour vous, c'est une bagatelle ! vous gagnerez ; tout est presque placé. »

— « Voulez-vous me permettre de voir ? »

Vous tenez le billet, vous le tournez, retournez. On vous voit : il y a là plusieurs personnes.... Il est impossible de le rendre.

Quand on est arrivé jusqu'à se faire offrir les billets, il faut agir avec grandeur, se tenir obligé de rendre service, ne prendre qu'un billet, mais d'un air réjoui. Consolez-vous en songeant que, dans le traquenard où vous êtes pris, il y a quatre-vingt-neuf personnes qui perdent avec vous cinq francs, dix francs, un napoléon, deux, trois, dix quelquefois.

Mais souvenez-vous pour l'avenir :

1°. Que l'objet promis est porté à trois fois sa valeur;

2°. Que souvent on ne place pas assez de billets pour que le tirage ait lieu;

3°. Que vous ne connaissez certainement ni d'Eve ni d'Adam la personne secourue;

4°. Qu'elle ne vous connaîtra jamais;

5°. Qu'enfin, il n'y a ni reconnaissance à attendre, ni plaisir à espérer.

Nous connaissons un compositeur

dont le piano a été mis sept fois en loterie. Il rapporte dix-huit cents francs par an. Mais il ne reste plus que trois quartiers de Paris à exploiter.

Quant aux moyens de se garantir des loteries, il n'en existe qu'un seul. Il faut avoir une grande connaissance du système de Lavater, et, d'après les figures, les inflexions de voix, les gestes, deviner d'une lieue ce dont il s'agit.

ANECDOTE.

Nous avons connu un honnête homme, que nous offrirons comme un modèle, un type véritable de *l'homme prudent*.

Il s'était habilement cuirassé contre toutes les attaques que les fripons,

les gouvernemens, les gens comme
il faut, la société, pouvaient faire à
sa bourse.

D'abord il résolut de mourir garçon. Il est mort!... et nous l'avons
suivi, mollement étendu dans le char
des pauvres, et par-dessus lui un drap
blanc. Il n'était cependant pas mort
vierge. Oh! non.

Toute sa fortune était placée en
viager sur belles et bonnes hypothèques. Il avait réussi à amasser ainsi
cent soixante mille livres de rentes
viagères.

Il ne payait donc pas d'impôts fon-
ciers, ni d'emprunts forcés, ni de ré-
quisitions de guerre, subventions,
contributions, etc.

Il avait fait assurer sa vie.

Il logeait dans le plus bel hôtel garni de Paris, et occupait un appartement magnifiquement meublé.

Il ne payait donc jamais d'impôts mobilier, personnel, etc., était exempt de la garde nationale et du logement des troupes.

Il n'avait pas de domestiques.

Il s'était abonné chez un loueur de carrosses pour avoir toujours à ses ordres une voiture et un laquais.

Il faisait les meilleurs repas en ville, et n'était pas tenu de les rendre, en sa qualité de *garçon*.

Il dînait chez les plus célèbres restaurateurs, *ergò* n'avait pas de parasites.

S'il eut des enfans, il n'en fut jamais embarrassé, non plus que de leurs mères, et ne se releva jamais la nuit pour les soigner.

Il atteignit cette terre qui pèse tant sur notre poitrine, sans avoir dépensé un sou autrement que pour son plaisir : il pouvait se comparer au *justum et tenacem* d'Horace.

Il eut toute sa vie une liberté illimitée, ne sentit aucun frein, aucune chaîne, et vécut heureux comme on doit l'être lorsqu'on jouit de tous les bénéfices de la société, sans supporter aucune de ses charges.

§. **16**. N'ayez jamais la sotte ambition d'être revêtu de fonctions gratuites; et, parmi tous ces honneurs, fuyez la mairie, surtout celle d'un chef-lieu d'arrondissement.

1°. Le préfet en voyage viendrait

chez vous, il faudrait le traiter : le lendemain, il aurait oublié votre nom.

2°. Lorsqu'on tirerait au sort pour le recrutement, pendant trois jours vous auriez le sous-préfet. Un sous-préfet est encore pire qu'un préfet.

3°. Enfin, votre commune n'aurait-elle pas des procès à finir, des chemins à commencer; et la moindre petite affaire ne vous conduirait-elle pas à Paris, ou au chef-lieu du département, grâce au système de centralisation! Et alors que de courses, de voyages, de dîners et de séjours loin de chez vous, sans compter les peines !

4°. Vous vous feriez des ennemis ; et le plaisir d'être le César de la commune ne peut pas compenser ce seul inconvénient.

D'après une évaluation honnête de tous les frais de la place, on fixe les déboursés à douze cents francs : c'est la dot d'une honnête fille.

§. **17.** Si deux amis passent le pont des Arts, il y en a toujours un qui se trouve perdre un sou.

Ne combattez jamais à qui paiera.

§. **18.** Défiez-vous des auteurs qui veulent vous dédier un livre.

Méfiez-vous aussi d'un auteur qui vous envoie son ouvrage sans avoir mis dessus : *Présent d'amitié*. Le mot *hommage* est même douteux : il n'exclut pas assez positivement le paiement du livre.

§. **19.** Une bonne coutume est celle qu'ont plusieurs honorables personnes, de *s'absenter* le 30 décembre

pour un mois : ce sont des philoso-
phes qui jugent sainement des choses.

§. **20.** Ne soyez le parrain que de
vos enfans.

Si l'on vous propose un filleul,
voire une jolie commère, répondez
imperturbablement que « la religion
catholique considérant un parrain
comme chargé, aux yeux de Dieu, de
l'âme de son filleul, qui devient ainsi
son fils spirituel, vous vous êtes fait
une loi de ne jamais prendre sur vous
une pareille responsabilité.

Cette phrase renferme dignité,
savoir, noblesse, prudence.

Le plus petit baptême coûte cent
écus à un homme honorable, sans
compter le filleul.

Nous savons cependant qu'il est

des circonstances où l'on est forcé d'être le parrain de son filleul ; mais c'est une extension extra-conjugale du principe que nous avons posé ailleurs.

§. **21.** Ne vous mariez pas sans dot; mais craignez encore plus d'épouser toute une famille.

§. **22.** Beaucoup de personnes honorables ont pris l'habitude de sortir sans argent : ces gens sages ressemblent à ces *bons soudards* de nos ancêtres, qui, couverts d'une cotte de mailles, ne craignaient pas les coups de poignard.

§. **23.** Les jours de Fête-Dieu, marchez vite, à cause des mille et une chapelles que construisent les enfans.

Ils ont une voix si douce;

Ils sont si jolis;

Si bien habillés;

Et les petites filles!... les fleurs...
Ah!...

Vous n'en seriez pas quitte pour
cent sous.

§. **24**. Quand vous aurez un cheval
à vendre, soyez prudent: il viendra
pour le voir un jeune homme botté,
éperonné, la cravache à la main; il
emmène votre cheval. Ne vous impa-
tientez pas il vous le ramènera au bout
de trois heures.

Il lui a reconnu un défaut majeur;
mais aussi il a été au bois de Boulogne.

§. **25**. Après la sottise que l'on
commet en épousant une femme sans

dot, la plus cruelle c'est celle de donner dans toutes ces vertus patriotiques de dons, d'offrandes, de souscriptions monarchiques et patriotiques du Texas, du Champ-d'Asile, de statues à ériger, de palmes d'or et d'épées pour monsieur le général *un tel.*

Tout cela ira bien sans vous.

Quand un homme fait le bien n'a-t-il pas son cœur? la chaumière de Clichy, Chambord, le monument du général Foy et les Grecs, ont dû vous donner de l'expérience.

§. **26.** Quelque imprimé qu'on puisse vous annoncer pompeusement dans les rues, ne l'achetez jamais, ne coûtât-il qu'un sou : vous le lirez dans le journal du soir en prenant une tasse de café avec un ami.

§. **27**. L'art d'escroquer une place, et de se venger en même temps de la bassesse d'un protecteur, étant ce qu'il y a de plus difficile, nous consignerons ici le fait suivant qui a échappé au spirituel auteur de l'*Art d'obtenir des places.*

En 1815, lors de cette destitution en masse d'une foule de fonctionnaires, au moment où les boîtes pleines de billets de banque étaient à la mode ; alors qu'on les offrait comme du tabac, un jeune homme, plein de talent, destitué injustement, alla se promener aux lieux fréquentés par les belles Parisiennes, qui ne savent rien refuser aux heures de loyer.

Il examine ces *dames* avec la curiosité d'un marchand d'esclaves, et trouve enfin un modèle de beauté, de grâces : fin sourire, lèvres rosées, teint pur, dents blanches ; elle était faite à ravir. Il offre une somme assez raisonnable, et emmène cette demoiselle chez lui. Elle devait passer pour sa femme quinze jours environ.

Il pare cette épouse d'emprunt, l'instruit de son rôle, et va à l'audience d'un protecteur puissant, général russe ou prussien.....

« Monsieur, c'est ma femme ! » répondit-il.

— « Ah ! c'est madame..... »

Huit jours après il avait emporté sa place à la pointe de l'épée. Et le général ? Oh ! le pauvre général, n'en parlons pas.

Les protecteurs devraient se défier des protégés, autant que les protégés se défient des protecteurs.

§. **28.** Quand vous êtes en société, méfiez-vous singulièrement de ces papiers que l'on vous passe avec invitation d'y mettre votre nom.

C'est toujours une promesse de donner un louis, dix francs, etc., pour un concert ou autre invention pareille. Lorsque la recette est assurée, nous avons toujours vu les artistes jouer plus mal ; et souvent, l'argent donné, le concert ou l'assemblée n'ont pas lieu.

Dites simplement que ce jour-là vous allez à la campagne.

Il n'y a pas de propriété foncière qui puisse rapporter plus que cette campagne que vous n'avez pas.

§. 29 « Non, madame, mes moyens ne me permettent pas.... » — « Non, mon ami, je ne suis pas assez riche.... »

Phrases qu'il faut avoir le courage de prononcer quelquefois, mais avec fermeté.

Elles garantissent d'une sotte partie de plaisir, d'un achat ridicule, d'une foule de choses enfin qui ne portent ni honneur ni profit.

§. 30. Règle générale : « Ne laissez

17.

jamais apercevoir la véritable somme à laquelle se monte votre fortune ». Méditez cet axiome.

§. 31. Sottise, duperie, pas de clerc, que de donner de l'argent pour voir d'avance ce qu'on verra publiquement quelque temps après, comme les tableaux, les chapelles à fresque, les plafonds peints, les coupoles, les répétitions, les objets d'art.

§. 32. Il y a régulièrement tous les ans à Paris quelque nouvelle invention qui tend à faire passer l'argent d'une poche dans une autre, volontairement et sans effort. Songez bien que le zodiaque de Denderah, n'était qu'une pierre noire que l'on voit *gratis* au Musée ; que le fossile humain n'était aussi qu'une pierre, et que son existence eût été tout bonnement un fait curieux pour les sciences naturelles, et que cela ne regarde que l'éternel M. Cuvier; que le tombeau d'un roi égyptien est la chose la plus vulgaire pour celui qui ouvre un volume d'antiquités à la Bibliothèque royale; qu'une momie, un lion de marbre antique, toutes ces expositions enfin sont des inventions perverses dont il faut se garer soigneusement.

Il ne faut aller voir que ce qui peut procurer du plaisir: un danseur célèbre, un acteur, une débutante, une fête, etc.

§. 33. Quand vous imprimerez un livre pour la première fois, si vous laissez voir au petit drôle qui apporte vos épreuves que vous êtes flatté de lire vos pensées imprimées toutes vives, il sait qu'il sera récompensé. Bien ; le piége n'est pas là. Un matin il viendra tout propre, tout drôle, tout gentil, vous rançonner au nom des ouvriers imprimeurs. La fête de leur patron se trouvera toujours dans le temps qu'on imprimera votre ouvrage.

§. 34. Si par aventure vous êtes nageur, et que vous vous rendiez aux écoles de natation :

1°. Ne vous noyez pas ;

2°. N'emportez jamais rien de précieux sur vous. Les cabinets sont peu sûrs ; les habitués sont tous honnêtes gens. Raison de plus.

Ayez soin de vous faire un costume de nageur, comme un chapeau de bal, un habit de jeu.

§. **35.** Quand vous aurez quelque bijou précieux, ne le montrez jamais dans une grande assemblée.

L'abbé Desmonceaux, oculiste de Mesdames sous Louis XVI, montrait une tabatière qui venait de lui être donnée par le roi de Suède. « C'étaient tous seigneurs, nous a-t-il dit ; cela n'empêcha pas que, lorsqu'elle eut fait le tour du salon, il fut impossible de la retrouver. »

Défiez-vous des femmes grosses : elles sont subtiles dans leurs envies.

§. **36.** Ne faites jamais de dépôt entre des mains humaines, pas même à la Banque.

Si vous êtes forcé de mettre votre

argent entre les mains de quelqu'un, choisissez quelqu'homme d'une profession et d'une conscience simples, comme les commissionnaires, les charbonniers, les porteurs d'eau, les fruitiers, etc.

Il y a deux *Foi*, la foi de Ninon et la foi punique, et les Carthaginois sont encore bien nombreux !

En général gardez le plus longtemps possible vos pièces d'or et de cinq francs sans les changer. L'expérience a dicté ce précepte. En effet, remarquez qu'une pièce de cent sous est encore respectable ; on regarde à deux fois avant de l'entamer ; c'est un morceau de résistance. La monnaie coule, elle s'échappe insensiblement d'entre les doigts.

§. 37. Un ami de collége dans le malheur tonneau de Danaïde.

§. 38. Défiez-vous constamment des inventions nouvelles, telles que : les huiles de Macassar, les poudres à rasoir, les pâtes de jeunesse, les fioles virginales, les scaphandres, les cafetières, les lignes qui se fourent dans une canne, les parapluies qui entrent dans un fourreau de tôle, les lits qui se cachent dans un mur, les fourneaux économiques qui coûtent à établir plus que cent fourneaux, les cheminées de cent écus qui doivent chauffer sans bois, les marbres factices, les bottes sans coutures, etc., etc. En général, tout ce qui porte le nom d'*économique* est une invention coûteuse ou impraticable.

Il existe de par le monde un brave et honnête cultivateur qui inventa, il y a quelques années, un outil pour empêcher, au moyen d'une incision annulaire, la vigne de couler. Ce digne homme remédie effectivement à ce grave inconvénient qui perd des récoltes précieuses ; mais il n'a pas vu qu'avant que l'on ait pratiqué cette *circoncision* de la vigne sur des clos de cinquante, soixante arpens, le raisin a le temps de mûrir, quelque nombre d'ouvriers qu'on y emploie.

Cette invention, très-ingénieuse et remarquable, est bonne pour ceux qui ont un arpent ou deux de vignes, mais inutile au reste des cultivateurs.

Cet exemple nous a frappé entre mille autres.

Aussi ces inventions-là sont-elles bien les plus terribles impôts qu'on ait jamais levés sur les honorables bourgeois. Que l'on ne nous accuse pas ici de vouloir étouffer l'industrie; nous applaudirons de toutes nos forces aux inventions réellement utiles; mais nous ne cesserons de répéter à l'occasion des *charlataneries :*

« Attendez que la voix publique et un assez long usage aient consacré les inventions nouvelles, alors vous participerez à leurs bienfaits. »

§. 39. Vous êtes fils; vous serez père, à moins que....

Vous êtes fils.... Souvenez-vous alors de ce certain sac, ce sac qui

était dans cet endroit, vous savez ?....
Monsieur votre père n'y prenait jamais garde, et de temps à autre vous y puisiez avec confiance. En ce temps-là, vous vous disiez : « Bah ! cela ne paraît pas ! » Puis encore : « Mon père me doit des leçons d'ordre, d'économie, de bonne administration ; je fais là une épreuve, et je vois qu'il n'a ni mémoire ni attention, défauts essentiels dans un chef de famille. Dieu se sert de moi pour le punir..... »

Vous vous donniez là une leçon indirecte, si vous êtes aujourd'hui père. Aussi ce présent paragraphe n'est-il ici porté que pour.....   *mémoire.*

§. 40. Ne vous avisez jamais d'offrir le bras aux dames de votre connaissance pour aller au spectacle, etc., etc.

Il peut pleuvoir !

Cependant si une dame vous témoigne quelque estime, trois francs de voiture deviennent une économie.

§. **41**. Un vieux garçon ne doit jamais avoir qu'un coupé pour voiture, et sans strapontin.

Malheur à lui s'il prend une berline ou un landeau !

Que de femmes il reconduira ! et... trois douairières dans une calèche, c'est pire qu'un vol.

§. **42**. De femme à femme, il y a des vols qui s'exécutent d'une manière épouvantable.

Comme il y a d'honnêtes femmes autant que d'honnêtes gens, nous leur conseillons en amour la plus grande discrétion et l'économie.

§. 43. Si votre femme vous persuade qu'avec les cent louis que vous lui avez remis, elle a pu acheter une parure qui vaut cinq mille francs ;

Quand même la parure vaudrait davantage, tout examen fait :

Vous êtes volé, mais sans effraction.

§. 44. Pauvre petit innocent ! Il a dix ans : il ne connaît pas le monde, les hommes, les femmes !.... Il était fils unique.

Le voilà qui saute, et tout joyeux croque des bonbons, des dragées : il est heureux comme un auteur applaudi. Il y a eu un baptême à la maison, et le parrain de sa sœur lui a donné, avec les bonbons , un joli petit sabre. Qu'il aime ce bon parrain !

A vingt-cinq ans il se trouvera volé; et cependant que de choses on lui a données !

Un aîné peut être volé comme cela deux fois, trois fois.

Les lois ne punissent jamais ces horribles brigandages.

Vous , pauvre bambin, vous n'y pouviez rien faire , et monsieur votre père encore moins.

Il ne vous reste d'autre parti que de bien aimer votre jolie petite sœur.

§. **45.** Aussi autrefois , et c'était chose sage, on mettait les demoiselles au couvent.

§. **46.** Lorsqu'un de vos parens est

dans le commerce , n'achetez jamais rien chez lui.

1°. Vous n'oseriez pas marchander, et ne pourriez jamais lui faire reproche de vous avoir mal servi.

2°. S'il vous connaît riche, vous n'aurez pas de crédit, et vous perdrez un an d'intérêt de vos fonds.

3°. Il vous trompera plus facilement qu'un autre.

Ceci s'applique encore aux *amis intimes*.

Songez qu'il faut toujours se considérer comme en état de guerre avec ses fournisseurs.

§. **47**. Il y a trois honorables classes de citoyens français avec lesquels il ne faut pas légèrement contracter : les Normands, les Gascons et les libraires.

§ **48**.. Vous êtes maire, avoué, notaire, .etc., homme public enfin ; retenez bien ceci :

Lorsque vous verrez venir un homme qui a tenu ou qui tient encore un grand état dans le monde ; que cet homme ;

(Ce paragraphe s'applique également aux dames.)

Que cet homme ou que cette dame doit, par son rang même, affecter une hauteur, une fierté, un orgueil, une morgue, une insolence de qualité avec vous, qui n'êtes pas noble, ou qui, par votre profession estimable, êtes censé au-dessous de lui ou d'elle, qui ne fait rien, ou dont l'oisiveté est chèrement soldée par une sinécure ;

Que cet homme ou cette dame

18..

dépose sa fierté en entrant chez vous, et veuille vous parler d'affaires....

Retenez qu'il y a toujours un piége là :

Elle entre, elle s'assied ; vous la connaissez, vous êtes flatté de sa visite. Son ton est moitié humble, moitié hautain. On reconnaît cette exquise politesse du grand monde, ces manières distinguées.... Vous êtes mis sur une ligne de décence et de haut ton qui force à garder un visage agréable. La visite se prolonge.

On vous demande tout à coup pour affaire dans votre cabinet.

« Oh, mon Dieu ! dit-elle avec un sourire et un mouvement de tête gracieux, allez, Monsieur, ne vous gênez pas, j'attendrai. »

Que la terreur se glisse dans votre âme : ceci veut dire qu'on vous empruntera de l'argent, une forte somme que vous ne reverrez jamais.

A votre retour on vous fera une proposition telle , qu'il vous sera difficile de refuser.

Nos ancêtres avaient des usages et des coutumes qui semblent bizarres au premier coup-d'œil, cependant cette petite grille placée à la porte d'entrée, et par laquelle le maître de la maison venait reconnaître les arrivans dans les temps de troubles, avait une utilité bien réelle, et évitait de grosses sottises.

Ces honorables ressources n'existent plus. Un maître n'a jamais de valets assez intelligens, pour deviner de semblables tours.

La seule garantie qui reste est donc une profonde connaissance du système de Lavater, et une grande habileté.

Vous venez d'acheter une campagne ;

Vous avez placé vos fonds ;

Vous devez faire un remboursement ;

Vous venez d'essuyer une banqueroute, etc. Un homme profond juge si l'honorable mendiant, si le noble emprunteur n'éprouve qu'un embarras momentané.

S'il en est ainsi, prêtez avec un visage radieux ; mais prenez hypothèque et des sûretés, et par-dessus tout, montrez vous rarement jusqu'au remboursement.

Si la comtesse emprunte, parce qu'elle est ruinée, tâtez-vous le pouls, et voyez si vous pouvez impunément vous laisser saigner.

§. 49. Vous, femme, aimable, élégante, riche, vous avez une femme pour amie ; elle est aussi aimable, spirituelle, bonne, riche.

Ne lui prêtez jamais ni cachèmire, ni robe, ni parure.

Un soir vous donneriez à votre bonne amie un schall pour faire une coiffure en turban, à la grecque, à la juive.

Le lendemain votre femme de chambre vous rapportera le cachemire en huit morceaux ; car le coiffeur, ne connaissant pas jusqu'à quel point va *votre intimité*, l'aura coupé impitoyablement.

§. 50. Lorsqu'il paraît un écrit de quelques pages, vif, hardi, intéressant, songez que les libraires du Palais-Royal, l'ont sur leur étalage, et que, pour se populariser, il l'ont coupé, afin que vous le lisiez à votre aise.

§. 51. Il en est des **beaux** cafés nouveaux, comme des changemens de ministère ; c'est vous qui payez.

§. 52. Prenez garde aux *Saint-George*, qui ne vous cherchent querelle que pour vous appeler en duel, et vous faire payer un déjeûner de quarante ou cinquante francs.

§. 53. Vous voyagez dans Paris avec

un cabriolet de place : si le conducteur est propriétaire du cheval, soyez
assuré d'entendre rouler les plaintes
sur la cherté de l'avoine, et sur le tort
que font les Omnibus. Il perd à ce
métier-là ; il vaudrait mieux être aux
gages d'un maître loueur, etc., etc.

Mais si le conducteur n'est pas propriétaire, c'est autre chose :

Les maîtres exigent une somme
exorbitante ;

Lui, pauvre diable, a femme et enfans, et peut à peine les nourrir ;

C'est la première fois qu'il étrenne
de la journée ;

Il est ancien militaire ;

Bret, vous donnerez toujours plus
qu'à un autre qui ne dirait rien.

Nous avons connu un homme très-distingué qui suivait l'ordonnance comme aurait pu faire le *Shylock* de Shakspeare.

§. 54. Quand vous allez au spectacle, ne prenez jamais l'argent qu'on vous rend sans bien l'examiner ;

Idem, au Trésor.

On reçoit quelquefois des pièces fausses.

Mais examinez encore plus sévèrement les petits rouleaux de papier intitulés : Pièces de un franc, deux francs, etc.

§. 55. Un bel enthousiasme dont tous les enfans sont victimes chaque année, lorsqu'ils sont en pension, c'est celui-ci :

La **fête** de l'honorable instituteur arrive; on **complotte** de la lui souhaiter. On demande à *son épouse* quel est le meuble, la pièce d'argenterie dont l'offrande serait agréable à *Monsieur*.

« Non, mes enfans, dit-elle toute confuse, non, je ne vous le dirai pas: l'année dernière vous donnâtes douze couverts, et vous savez combien *Monsieur* a été mécontent; il a failli ne pas accorder le congé; non, ne donnez rien. »

C'est de l'huile sur le feu : on s'impose par tête, on se moque de ceux qui donnent peu : c'est à qui harcellera père et mère pour avoir davantage ; on prend même sur ses menus-plaisirs. Oh! quel âge d'innocence! avec quelle bonne foi on conspire soi-même à se duper!

On offre la soupière. L'instituteur

se fâche, gronde; et sa modestie paraît dans tout son éclat. Il accorde le congé d'un air sévère, et menace de punir l'année suivante si pareil scandale a lieu. Encore dix ans, et son service sera complet. « Ce sont de bien bons enfans!..... » dit-il à son épouse. Puis à chaque père, en particulier, il assure pendant quelque temps que son fils fait des progrès, qu'il promet; que c'est *un fort joli sujet.*

§. **56.** Cours de langue italienne en vingt-quatre leçons; cours de mnémotechnie en douze séances; cours de musique en trente-deux leçons; méthode Carstairs, l'écriture apprise en dix leçons, etc.

Nous ne vous ferons pas l'injure de commenter ces charlataneries

Ceci s'applique encore aux portraits à un louis faits en deux séances.

§. 57. A Londres, les consultations de tout genre se paient fort cher, et le moindre avis est regardé comme une consultation. Le célèbre Driadust, avocat, passait dans Alls-street, lorsqu'un marchand, lui montrant un schelling, lui demanda s'il était bon. « Fort bon, dit le docteur, en le mettant dans sa poche; vous me donnerez le second une autre fois. »

Quand vous irez en Angleterre, si vous parlez à un médecin, à un avocat, ne terminez jamais votre phrase par un point d'interrogation.

§. 58. Vous n'avez pas que votre bourse à garantir : on peut vous prendre encore votre réputation.

En se servant de votre crédit ou de votre nom, des fripons, qui doivent faire banqueroute, peuvent vous proposer une belle affaire, des gains certains : ils veulent votre nom et votre virginale réputation pour attirer des dupes. Vous, jeune homme pur et candide, ou vous, homme honnête éprouvé, vous ne vous douteriez jamais que des hommes honorables, bien vêtus, bien disans, qui vous vont chercher en voiture, vous amènent dans un bel hôtel, vous donnent un dîner somptueux, puissent être des fripons.

Cela est ainsi. Il vaut mieux perdre quelques écus que de risquer de ternir cette glace pure qu'on nomme réputation.

§. **59**. Un parasite qui n'est pas gai, qui ne sait rien, qui se plaint des mets, vous vole.

§. **60**. Que de maris ne se font aucun scrupule de dévorer le bien de leurs femmes ..... ou celui de leurs enfans ! Que de femmes prodigues et légères !....

On devrait marier toutes les femmes séparées de biens ; cela n'empêche pas les testamens d'aller leur train.

Une femme qui a tout donné à son mari a commis une grande sottise.

Mais il y a coquetterie dans les bienfaits comme en amour.

§. **61**. Que direz-vous des ces banquiers d'Allemagne qui, avec une bonne foi teutonique, nous envoient des séries de numéros pour les loteries des terres d'Engelthal, de Newhy, de Sigmaringen, d'Hohenlingen, etc. Il faut que l'on nous croie aussi bénins que les Allemands! nous espérons bien que pas un de nos lecteurs n'a encore risqué une pièce de vingt francs.

§. **62.** Acheter des arbustes, des fleurs, des plantes au quai aux fleurs, est une haute et cruelle sottise qui se commet journellement : aussi combien de rosiers ne voit-on pas mourir sur les fenêtres, empoisonnés par la chaux qui garnit le fond du pot à fleurs. Les bourgeois de Paris, les commerçans de la rue Saint-Denis sont incorrigibles!...

§. **63.** Avoir sa campagne près de Paris, c'est mettre un setier de blé

dans un champ au temps où les oi-
seaux nourrissent leurs petits. Allez
donc au moins à vingt lieues de la
capitale, ou n'ayez pas de campagne.

§. 64. Il y a des gens prodigues et
corrupteurs de toute morale, qui, non
contens de manger leur patrimoine,
veulent encore dissiper celui des autres par contre-coup. Ils démoralisent
la classe honnête des ouvriers et des
ouvrières, et gâtent, par leurs folles
générosités, une partie utile de la nation : ils l'accoutument à de nouveaux
besoins, et c'est ainsi que l'on prépare
des révolutions, au lieu d'en *fermer
l'abîme.*

L'une des habitudes les plus perverses de ces jeunes gens consiste à
donner des pièces de vingt, trente,

quarante et cent sous aux ouvriers, aux ouvrières qui leur apportent, de la part de leurs maîtres, des paires de bottes, des habits, du linge, des chapeaux, des meubles, etc., etc.; si bien qu'un honorable bourgeois est vilipendé quand, par faveur insigne, il octroye un pour-boire modeste et convenable.

Nous le répétons, dans l'intérêt des bonnes mœurs, les fournisseurs doivent leurs marchandises franc de port; et corrompre ainsi le commerce dans sa source est un crime.

§. 65. Il y a peu de chose à dire contre les médecins; ce n'est pas aux vivans à se plaindre d'eux; cependant ils ont bien aussi par-ci par-là quelques petites manières de faire gagner de l'argent aux apothicaires. Remarquez qu'il y a tous les ans un spécifique en faveur : un temps ce **fut le** sagou, un autre le salep : on mangeait tout au salep ou au sagou. L'arowroot a détrôné le sagou : mais vint, avec Walter-Scot, le lichen d'Islande, puis les sangsues indigènes, combinées avec l'eau de Seine; enfin, le bol **purgatif**, etc., etc.; et toujours ces bons remèdes coûtent plus cher quand ils sont en vogue; et c'est, à bien prendre, comme ces réimpressions que font nos auteurs, qui finissent par nous mettre entre les mains ce que nous connaissons. (Voyez les *Résumés* et les *Manuels.*)

§. **66.** Ne dites jamais où est votre testament, ni ce qu'il contient.

« Vieux célibataires , oncles sans enfans, vieilles qui amassez sou sur sou pour des collatéraux, honnêtes gens fortunés, etc., à tous présens et à venir, salut : vous faisons savoir, par ces présentes, qu'il ne faut jamais s'embarrasser d'un testament chez soi, et que, règle générale, on doit toujours le déposer chez un notaire : c'est le parti le plus sage et le plus sûr. »

§. 67. Dans quelque société que vous puissiez vous trouver, lorsque, autour de la table d'écarté, il y a beaucoup de monde, si vous êtes intéressé par un pari à la partie, ne quittez pas votre argent des yeux, et trouvez-vous toujours présent au moment du partage: sans cela, vous auriez beau parier des deux côtés, vous ne réussiriez pas toujours à toucher votre argent après cette douzaine de mains qui s'avancent à la curée.

§. **68.** Il y a quelques personnes qui s'amusent à prendre et à cacher l'argent; d'autres jouent avec des bijoux et font de très-mauvaises plaisanteries. Il arrive ainsi quelquefois que l'argent ou l'objet précieux s'égare par une circonstance fortuite, et l'embarras le plus ridicule, les soupçons les plus odieux se glissent dans l'âme de chacun. Tantôt l'argent se coule dans une botte, la boucle d'oreille se cache dans les falbalas d'une robe de bal, sous le coussin d'une gondole; et l'on finit par admirer les caprices d'une divinité, sur le compte de laquelle on met bien des choses : LE HASARD.

Règle générale, ne jouez jamais avec les choses précieuses : outre que cette plaisanterie est de mauvais ton, elle amène toujours une situation désagréable, sans compter que *le hasard* vous fait quelquefois *perdre* ainsi de l'argent.

—

CHAPITRE A PART.

Des appels faits à votre bourse dans la
maison du Seigneur.

Nous avons réuni tont ce qui concerne les impôts volontaires levés sur
les fidèles sous un seul chapitre.

On devra d'autant plus le méditer,
que c'est avec les préposés de la *Fabrique* que notre amour-propre a les
plus rudes combats à soutenir. Ils
excitent une lutte entre la vergogne
et l'argent, et ce dernier succombe
presque toujours.

Nons rendrons avant tout une

pleine justice au clergé français, dont
jamais, à aucune époque, les mœurs
ne furent plus pures, les richesses
moindres, et l'influence plus desira-
ble, afin de ramener l'*âge d'or*.

Aussi ne sont-ce pas les prêtres
qui paraissent dans les combats jour-
naliers qu'on livre aux bourses chré-
tiennes, mais bien ce qu'on nomme
improprement le bas clergé; savoir:

Un bedeau, un sacristain, un suisse,
les enfans de chœur, etc.

Mais, par-dessus tout, une puissance séculière appelée *Fabrique*; ce
qui veut dire administration des revenus de l'église.

Et comment l'église peut-elle rapporter? A-t-elle d'autres produits que

les âmes? Oui, certes, et vous l'allez
voir :

Il s'agit de vous maintenant.

Vous allez à l'église régulièrement,
ou vous n'y allez pas.

Si vous y allez.

Tous les dimanches on fait trois
quêtes, quelquefois quatre.

Et d'abord la *Fabrique* alloue à un
entrepreneur le prix des chaises. C'est
une dépense de trente francs par an
pour les vrais fidèles.

Toutes les autres *Communions* ont
eu soin de rendre leurs temples ac-
cessibles à tous , et de ne point les
paver de redevances quotidiennes.
Ceci est un point sur lequel tous les

20.

étrangers insistent en France , et qui a terni le culte de l'église gallicane. Nous consignons ici cette remarque , parce que le clergé français est généreux, la France polie , et les bourses peu garnies.

Si vous allez à l'office , faites apporter votre chaise ; il n'y a à cela aucune honte. Les dames du onzième siècle étaient suivies d'un page qui portait à l'église leur carreau de velours.

On a tant d'amour-propre aujourd'hui, que ce serait une mode facile à faire prendre : on ferait voir ainsi qu'on a des laquais.

Première quête.

« Pour les pauvres , s'il vous plaît ! »

Puis trois coups de la hallebarde offi-
cielle retentissent sur le pavé de l'é-
glise, et un sacristain vous tend un
bonnet pointu renversé.

Le don est volontaire, nous le savons ; mais comme tout est calculé !
vous êtes au milieu d'une assemblée ;
on demande pour les pauvres ; vous
ne donnerez que ce que vous voudrez ;
tout vous commande la charité ; la
loueuse de chaises a eu soin de vous
laisser des gros sous ; votre voisine a
jeté son offrande dans le bonnet pon-
tifical : vous valez bien votre voisine !

Pour la conclusion de ceci, nous
renvoyons à celle du paragraphe 3 du
présent chapitre.

Deuxième quête.

« Pour les frais du culte! » Et toujours la hallebarde et le bonnet.

Collez sur votre paroissien l'article du budget alloué aux cultes du royaume , et fortifiez votre courage en voyant cette liste ecclésiastique de vingt millions, sans compter les bois.

Troisième quête.

On quête quelquefois pour les petits séminaires.

Cet article se confond avec le paragraphe premier du présent livre.

Ceux qui ont l'honorable coutume de ne jamais rien donner, s'y sont affermis par les observations suivantes :

« Je viens à l'église pour prier.

» Un vrai chrétien reste absorbé dans sa prière.

» Rien n'est vil comme l'or et l'argent.

» On nous commande de nous en détacher.

» Nous ne pouvons donc pas penser à la monnaie en pensant à Dieu. »

Au reste, ces sages pensées valent environ cinquante-sept francs par an, savoir :

54 dimanches à 75 c...	40 fr. 50 c.
17 fêtes à 1 fr........	17
Total...	57 50

Si vous n'allez pas habituellement à
l'église.

Vous êtes un mauvais chrétien ;
mais, dans cette hypothèse même, il y a
quatre cas où vous y allez forcément.

Le baptême. — Vous êtes un mar-
mot, on paye pour vous. Voyez le
paragraphe 22, où l'on traite du par-
rainage.

La première communion. — Vous
êtes un adulte ; et comme vous ne
connaissez pas le monde, ce sont encore vos pareus qui paient.

Le mariage. — Le jour des noces
est plein de dangers, de surprises,
de piéges. Le moyen qu'un marié refuse de l'argent dans ce jour unique
où il a et n'a pas de femme !

Or, depuis l'autel du saint le plus modeste jusqu'à l'autel de la Vierge, tout à un tarif.

On est marié par le curé,
Ou par un vicaire,
Ou par un prêtre.
Il y a un grand poêle,
Un magnifique poêle,
Un poêle ordinaire,
Un petit poêle,
Et le poêle du commun des martyrs.

On peut être heureux en ménage en s'épousant à huit heures du matin, en allant à l'église à pied, vêtus comme d'ordinaire, bénis par un bon prêtre, sous le poêle du commun des martyrs, à l'autel d'un pauvre saint qui n'a même pas de tableau dans sa chapelle.

Lorsque vous allez à la sacristie,

débattre avec monsieur le vicaire les frais de votre mariage, ayez un cœur contrit, humble; ne vous épouvantez pas d'un sourire de dédain qui se répétera sur toutes les figures comme un son, d'écho en écho.

Dites, et cela vous sera compté un jour, dites : « Mon père, on nous a « recommandé l'humilité, je suis humble, modeste. »

Si vous êtes titré, remarquez que c'est votre beau-père qui exige cette simplicité; mais ayez soin qu'il ne soit pas là.

Si l'on vous fait observer que ce que l'on vous demande est pour la plus grande gloire de Dieu, répondez que « la gloire de Dieu brille dans les

« cœurs purs et les louables inten-
« tions. »

Nous savons bien que vous êtes oppressé dans cette sacristie ; mais en sortant de l'église, comme le jeu de vos poumons est facile ! comme la rotondité de votre bourse est consolante ! Par la même raison, mettez peu d'argent aux cierges, ne faites pas briller une pièce d'or aux yeux des passans, faites-la plutôt distribuer aux pauvres, que de la laisser manger aux prêtres.

Vous avez bien tout prévu, tout payé. Entouré de votre nouvelle famille, vous arrivez à l'église, vous signez le bail de bonheur ou de malheur : arrive alors le suisse ; il vient vous demander, en présence de toute l'assemblée, des gants blancs et des rubans de couleur virginale.

Vous n'avez jamais songé à ce suisse, il triomphe ! s'il n'avait pas de gants blancs, quel indice fatal ! d'ailleurs, la famille est là, votre fiancée vous regarde. « Procurez-vous-en !... » Telle est la fatale réponse.

Il aura bien soin ce suisse de se montrer avec une paire de gants éblouissans de blancheur. Vous la payerez cette apologétique candeur ; et c'est au moment où vous tiendrez votre bourse, que fondront sur vous le bedeau, les enfans de chœur et le sacristain. Chacun a une demande légitime à faire. Si vous avez le malheur d'être lent, les pauvres accourent !....

De la prudence, songez à donner au suisse, et pour les pauvres, la plus faible somme possible ; soudain le suisse se retournera. — « *Quos ego !..* Vous ne verrez plus un seul mendiant. »

Vous retiré, le suisse remettra la paire de gants blancs dans l'armoire, à côté de sa sœur, la paire de gants noirs. C'est le jour et la nuit, la mort et la vie. Ces deux paires de gants sont toute notre histoire. Chaque fois qu'il prend l'une ou l'autre, ce vénérable suisse les ploie, les presse avec un soin paternel ; il se remémore et raconte au bedeau à combien de solennités elles ont paru : il les regarde avec amour.

Un suisse retiré, qui nous a fourni ces détails, nous a avoué n'avoir jamais acheté plus de deux paires de gants par trimestre, et, bon an, mal an, avoir touché de huit à neuf cents francs.

Songez-y bien : que vous alliez à l'église pour épouser ou enterrer votre femme, il ne faut jamais vous piquer du faux point d'honneur de voir les suisses gantés.

Cette observation s'applique également au crêpe de la hallebarde et aux rubans qui la décorent dans l'un ou l'autre cas.

En ce qui concerne les enterremens, les réflexions sont bien plus abondantes ; il faut une présence d'esprit continuelle. Si vous êtes réellement affligé en votre qualité d'héritier, chargez du soin du convoi et du service, quelque collatéral déshérité : il verra les choses plus sainement.

L'ordonnance d'un service et d'un convoi est une des grandes difficultés du genre.

Le moment où l'un de nos amis fait cette terrible procession horizontale, et sort de chez lui les pieds en avant, est si court, si rapide, sitôt oublié, que la plus grande simplicité est toujours ce qu'il y a de plus noble.

Le souvenir est-il plus touchant quand il coûte mille, dix huit cent, deux mille, trois mille, six mille fr. qui, dans vingt-quatre heures, disparaissent comme le défunt ?

De bons esprits penchent pour le char des pauvres.

Nous inclinons aussi pour cette voiture modeste.

Le char des pauvres, dessiné sur le papier, vous présentera les lignes les plus pures, le cénotaphe ambulant le plus simple, le plus éloquent : il fait impression. La mort y est touchante et dans son beau.

Des gens riches l'ont préféré.

Des hommes remarquables par leurs talens et leur force de caractère ont voulu être ainsi portés à leur dernière demeure.

De vrais chrétiens l'ont desiré.

En tout, l'expression simple est la plus belle.

« Voyez-vous passer ce corbillard ? »

— « Il est le moins cher ! »

Les plumes, les larmes d'argent, les torches, les chevaux caparaçonnés, rien ne peut couvrir et étouffer la mort ; et cette heure de luxe et d'opulence, empruntée à l'administration de la rue du Pas-de-la-Mulle, coûte mille écus.

Souvenez-vous que l'on peut toujours dire que le défunt a voulu être enterré avec simplicité.

Les gens qui regrettent un ami vont

au cimetière à pied , à moins qu'il ne pleuve. S'il pleut , leur action est encore plus belle.

Les voitures de deuil coûtent très-cher.

Enfin la véritable douleur est dans le cœur, et non pas dans le pas lent et symétrique des chevaux d'un cortége.

Le mariage et l'enterrement sont deux occasions, où avec de la philosophie, de la religion et des principes, on doit économiser beaucoup.

Ce sont les deux occasions où l'on cherche à vous arracher le plus d'argent , parce que les passions ne calculent pas, et que dans l'une vous êtes joyeux, dans l'autre triste. Or, la tristesse et la gaîté sont les seules affections del'homme : tout s'y rapporte.

Quand on vous apportera le pain bénit pour le rendre le dimanche suivant, vous pouvez facilement vous exempter de cet impôt religieux, en ordonnant à votre portier de toujours dire au suisse et à l'enfant de chœur que *vous êtes à la campagne.*

Ce système de campagne est meilleur que celui de Law.

ANECDOTE.

Le president Rose, académicien, était aussi avare que spirituel. En jan-

vier 1701 il se mourait; et se voyant
entouré d'ecclésiastiques qui lui pro-
mettaient les prières les plus ferven-
tes pour le salut de son âme, il fit appeler sa femme, qui avait la présence
d'esprit de pleurer, et il lui dit : « Ma
chère amie, si ces messieurs en m'en-
terrant vous offrent des prières pour
me tirer du purgatoire, épargnez-
vous cette dépense-là: j'attendrai, je
ferai mon temps. »

Résumé du Livre deuxième.

—

La mode étant venue de tout résumer, nous prenons le parti de résumer nous-même chacun de nos livres, de peur que quelque industriel littéraire ne vienne nous enlever le fruit de nos labeurs (1).

(1) La chose ne serait pas nouvelle. Un libraire, fort recommandable du reste, s'est donné la peine de publier, sous le titre de *Manuel de l'Homme du Monde, Guide de la Politesse, de la Toilette et du bon Ton,* un volume qui n'est qu'une in-

Or, vous voyez, honnêtes gens de toute sorte, qu'il ne suffit pas de boire frais et de se tenir en joie, il faut encore avoir une certaine finesse pour bien vivre.

Avec ce livre en poche, vous pouvez éviter tous les impôts que nous avons signalés dans cette soixantaine de paragraphes.

Nous avons calculé la somme to-

digeste compilation, une imitation maladroite des petits ouvrages que nous avons fait paraître sous les titres : *Code civil*, *Code gourmand*, *Code de la Toilette*. Un autre libraire a poussé l'amour de l'imitation plus loin : nous avions publié, en 1825 et 1826, deux volumes de l'*Almanach des Gourmands*, sous le nom pseudonyme *de Périgord;* il vient de faire paraître l'*Almanach des Gourmands* pour 1829, par M. DE PÉRIGORD CADET.

tale de ces contributions perçues annuellement sur beaucoup de riches imprudens; elle s'élève à douze mille francs par tête.

Vous remarquerez qu'il faut une grande prudence pour sauver ces douze mille liv. de rente, qui bien employées peuvent donner tant de véritables jouissances.

Mais il y a un écueil, une pierre d'achoppement. Nous vous voyons d'ici, la mine sévère, le front rude, l'œil perçant, le parler sauvage, l'abord disgracieux, vous défiant de M. Pierre, de M. Paul, prenant en haine les humains et veillant en avare à votre argent.

Fi!... fi! vous cinglez à pleines voiles vers l'ecueil, et vous courez risque

de conquérir la réputation d'avare,
de dur. Ceci est épouvantable pour
un homme comme il faut, dans le
siècle aux soupes économiques, aux
bureaux de charité, de maternité, de
paternité, et dans le moment où le
nom de philantrope est un titre que
l'on décerne au premier désœuvré qui,
dans une promenade à Brest ou à
Toulon, visite le bagne avec quelque
curiosité.

Cependant nous avouerons qu'il y
a plusieurs personnes de distinction,
titrées, et de grand savoir, qui préfèrent encore passer pour ladres,
avaricieuses, en se procurant le doux
bonheur de faire le bien en secret.

Elles ont même remarqué que,
quoiqu'on les taxât d'avarice, on ne

faisait que plaindre leur ridicule : car une idée prédomine toutes les autres, c'est qu'elles sont riches : aussi a-t-on pour elles un certain respect, on vient avec plaisir à leur table, on leur décerne le titre d'*honorables* ; et, comme on ne parle jamais des gens qu'en leur absence, elles ont eu le courage de se mettre au-dessus de ce qui maîtrise le Parisien, et qu'on nomme le *Qu'en dira-t-on ?*

Qu'en dira-t-on ? est une puissance ; une puissance même fort difficile à combattre, aussi avons-nous réservé pour ce résumé la recette la plus remarquable : ne faut-il pas au moins une pensée ou deux pour faire un résumé ?

Aussitôt que vous vous serez déterminé à défendre votre bourse *un-guibus et rostro*, étudiez la politesse française, acquérez cette grâce dans les manières, ce charme dans les paroles, cette galanterie des regards qui jettent un vernis séducteur sur un refus. Apprenez ces phrases pleines d'onction qui, saturées de *l'honneur d'être*, de *je suis flatté*, font dire de vous : « C'est un homme charmant ! »

Si l'on dit cela de vous à Paris, ne craignez plus rien. Un homme aimable est devenu de nos jours ce que nos ancêtres nommaient *la fleur des pois*. Il ne fait rien que de bien, que de juste, que d'honnête.

Il est vrai qu'il est difficile d'arriver à cette hauteur, et de tout concilier ;

cependant on a vu plusieurs personnes à Paris qui, mangeant à elles toutes seules leur revenu, passaient encore pour charmantes. Lorsque vous les rencontrerez, étudiez-les comme un peintre étudie son modèle.

En achevant ce livre, une douleur nous saisit. N'avons-nous pas à vous annoncer qu'il existe cependant des impôts inévitables, des demandes justes qu'on ne saurait repousser, à moins d'être un brutal, un harpagon. Nous avons sanctionné et légalisé plus d'une fois des sollicitations légitimes, comme :

Le sou du savoyard, qui, pour vous, balaie un passage des boulevards ;

Le sou du commissionnaire, qui

22.

tend, un jour d'averse, une planche obligeante et lucrative : cet honnête commissionnaire, il **abhorre les rhumes**, il vous aime et soigne votre santé.

L'avare **Chapelain**, l'auteur de la *Pucelle*, préféra se mouiller les pieds un jour qu'il allait à l'Académie : il en mourut.

Il y a encore le salaire des artistes qui exécutent de grands concerts en plein air, après avoir étendu un mouchoir orné de quatre chandelles : si vous pouvez écouter, payez, mais veillez à votre montre.

Menez-vous une dame au spectacle, l'ouvreuse, cette ouvreuse si bonne, si intelligente, qui, moyennant une rétribution, vous a ouvert une loge louée, qui vous apporte un petit banc; elle veut que madame ait les pieds secs, et soit commodément.

Un homme ouvrira votre voiture, ou dira d'une voix de stentor : Monsieur, demandez vos gens!.... » Comment ne pas payer ce mot, *vos gens!*...

Si vous dînez chez un restaurateur, des bardes en guenilles viendront chanter devant la porte : souvenez-vous d'Homère.

Il y a, comme cela, mille petits services qu'on vous rend malgré vous.

On n'évite jamais le pour-boire des cochers, des garçons de cafés, de restaurans, l'almanach du facteur, quelques étrennes légitimes, les garçons baigneurs, la pièce d'adieu aux domestiques des maisons de campagne, le pour-boire des gens qui vous apportent des présens, etc., etc.

Nous connaissons cependant des hommes honorables qui s'affranchissent de ces usages dispendieux (voyez l'anecdote du paragraphe 10): mais ces petites contributions sont légales; il est convenable de s'y soumettre de bonne grâce. En effet, ne desserrez jamais la bourse pour les domestiques des autres; et au bal, vous verrez si vous pouvez être servi, boire le bon vin et savourer une glace, surtout chez certains banquiers; songez donc qu'en définitive', si la prodigalité est une duperie, l'avarice est un ridicule.

—

LIVRE TROISIÈME.

INDUSTRIES PRIVILÉGIÉES.

—

CHAPITRE PREMIER.

DU NOTAIRE ET DE L'AVOUÉ.

—

Traité du danger que l'Argent court dans les Etudes.

Il y a certaines classes de la société que le sort a dévolues aux rieurs : on y a rangé les médecins, les notaires, les procureurs, les huissiers, les Normands, les Gascons, etc. Ces classes ne s'en offensent jamais, et ne répliquent pas; car on ne peut guère parler quand on a la bouche pleine. Les Gascons, qui passent pour les moins riches, sont néanmoins les seuls qui, depuis cent ans, aient eu part au gouvernement en France. Et sans aller chercher les d'Épernon, les Lauzun, de l'ancien temps, qu'il vous souvienne qu'en celui-ci, la Convention, l'Empire et la royauté n'ont vu que des Gascons au timon des affaires. De tous les rois de Bonaparte, un seul est resté! et Bernadote est gascon.

Tout ce préambule n'est, comme disait M. Dubos, qu'une *précaution oratoire*, afin de détourner de nous le soupçon de vouloir attaquer l'honneur et la probité de MM. les notaires, avoués, huissiers, etc. Nous savons parfaitement bien que si l'on a admis en principe de rendre justice à chacun, cette justice, qui n'y voit goutte, a besoin d'officiers; mais, comme il n'y a pas de bien ici-bas qui n'ait pour frère un abus, après avoir posé comme axiome qu'un notaire, un avoué, un huissier sont, parmi les inventions sociales, judiciaires, ministérielles, politiques, l'invention la plus légitime, la plus bienfaisante, qu'il nous soit permis d'examiner les dangers attachés à ces bienfaits. La cassave donne le pain aux nègres; et si l'on n'exprime pas tout son lait, le manioc devient un poison.

La bonne foi est arrivée à un tel

point de perfection, que même un contrat bien en forme et bien expliqué ne signifie quelquefois rien; et l'on voudrait se passer de notaires, qui sont des espèces de compagnies d'assurance contre les incertitudes de la conscience; d'avoués, qui, en justice, font l'office des anciens parrains dans les jugemens de par Dieu! Ceux-ci, en effet, armaient les combattans, arrangeaient les cuirasses, voyaient si les épées étaient bien affilées, et criaient au peuple, chacun de son côté, que le combattant avait raison. Que diable! soyons justes, et reconnaissons dans ces deux sortes d'officiers une institution monarchique, une convenance féodale.

Reconnaissons ensuite des changemens notables, des améliorations sensibles dans le personnel de ces deux états, et rendons grâce à cette perfectibilité indéfinie vers laquelle nous tendons sans cesse.

Autrefois, qu'est-ce que c'était qu'un procureur et qu'un conseiller notaire? deux êtres les plus maussades du monde et les plus désagréables à voir. Le procureur était un homme toujours habillé de noir, coiffé d'une ample perruque, ne parlant que des affaires d'autrui, et en termes barbares qui blessaient l'oreille. Toujours enfouis sous un bâtiment de paperasses en décombres, les procureurs fouillaient les titres, se couvraient d'une épaisse poussière, prenaient à cœur l'intérêt d'un client jusqu'à se faire échiner pour lui; ils n'allaient jamais dans le monde, ne se voyaient qu'entre eux. Un procureur prodigue eût passé pour un monstre, et s'il s'en fut trouvé un assez hardi pour aller au *Châtelet* en chaise, on l'aurait interdit comme prodigue. Au bout de quelques cinquante ans passés dans la gêne et *la pratique*, ils se retiraient dans une campagne; là ils n'avaient plus d'autre joie que de voir passer de grandes bandes de corbeaux qui leur rappelaient l'honorable corps des procureurs aux grands jours d'assemblée. On avait fini par les respecter comme des fous peu dangereux.

Tout au contraire, un avoué d'aujourd'hui est un jeune homme aimable, gai, spirituel, mis comme le veut l'arrêt du dernier goût; il court les bals, les fêtes, les concerts; sa femme, par sa toilette, écrase les dames de la cour. Un avoué dédaigne tout ce qui n'est pas élégant; son cabinet est un boudoir, sa bibliothèque est dans sa tête; il plaisante des choses les plus graves; et notre heureuse France a cela de beau, qu'on y prend tout en riant:« Nous allons l'exproprier, nous allons le poursuivre, » tout cela est dit avec le sérieux de Polichinelle. Les avoués courent en cabriolet, jouent à l'écarté; les clercs font des vaude-villes; et tout, disent-ils, n'en va pas plus mal.

Les notaires avaient long-temps résisté à la perfectibilité; les idées de ce corps luttaient avec courage contre les idées nouvelles : mais enfin il commence à se mettre au niveau du siècle, et rien de plus ordinaire que de voir dans un salon danser un notaire, un médecin, un avoué, un huissier et un juge. Si Dieu voulait qu'il y eût aussi un *ministre*, on pourrait mourir en plein bal, sûr d'avoir les quatre facultés à ses côtés, et de pouvoir faire son testament dans les formes.

Il y a encore des gens qui s'imaginent bonnement qu'un avoué, un notaire sont de graves personnages tenus de s'occuper, les uns d'aller au Palais défendre, assister leurs cliens, et de trouver dans les Codes des armes solides ; les autres de rédiger et de bien comprendre les intentions des contractans. Tout cela était bon dans le siècle passé, où tout prenait une forme idéale, où chaque état était représenté par une somme d'obligations à remplir. Aujourd'hui l'on a tout *monétisé*; ainsi l'on ne dit pas : monsieur *un tel* a été nommé procureur-général, il va soutenir les intérêts de sa province, comme La Chalotais. Non, erreur; monsieur *un tel* vient d'avoir une belle place, procureur-général... cela rapporte vingt mille fr. de traitement.

De même on ne se fait plus avoué ou notaire dans le but primitif de sa profession ; on entrevoit bien qu'on ira au Palais par-ci par-là, ou qu'on fera des actes et des inventaires; mais

23.

la première pensée est celle-ci : « En achetant une charge..... cinq cent mille francs, prenant qu'elle rapporte cinquante mille francs, l'argent est placé à dix. Ainsi on place mieux en notaire qu'en vignes, en avoué qu'en maisons. Il faut convenir que l'on a créé en France de nouvelles richesses à la place d'idées creuses. Tout s'est ainsi réduit à une seule expression, et dans tout on voit une forme plus ou moins productive; mais où sont les revenus? sur quelles terres sont-ils assis? Ah! voilà le chapitre des dangers.

Une fois que l'on dit à un homme : « Voilà du galon d'argent pour broder votre habit; n'en mettez que sur les paremens ou au collet; prenez la bobine, le bobinet est à discrétion: » les passions, les envies de femmes grosses, tout arrive en foule, et alors on met du galon sur toutes les coutures; puis un beau matin la bobine est sèche comme un clou.

C'est votre bourse qui est la bobine! Le législateur a dit aux notaires et aux avoués: « Vous prendrez du galon. » Le proverbe est venu; et depuis ce temps nos rois, à compter de Charles IX, et dès l'ordonnance de Moulins, ont toujours combattu vainement ce proverbe.

Ce que les rois de France et les tarifs n'ont pu faire, nous l'essaierons; ne pouvant les réprimer, nous allons du moins tâcher de dévoiler les ruses de certains officiers ministériels. Hélas ! ils lèvent leurs contributions si *légalement*, et avec une telle adresse, qu'il a fallu beaucoup de soins pour ramasser les élémens de ce traité ; et c'est surtout la difficulté que nous avons éprouvée à le faire qui nous démontre l'utilité dont il est de le publier.

§. I. DU NOTAIRE.

Les dangers que votre bourse court chez le notaire ne sont pas grands en apparence ; ils sont presque toujours inaperçus ; et les effets de l'ignorance de cet officier ne se dévoilent quelquefois qu'à la seconde génération. Un contrat de vente mal rédigé, un contrat de mariage ou une transaction, éclatent alors comme une bombe et mettent le feu à votre fortune ; mais vous êtes mort, et ce sont vos héritiers qui se battent. Lorsqu'il se commet des fautes de rédaction chez un notaire, c'est toujours au Palais que se passe la bataille ; et une longue connaissance de l'art nous a convaincu que la plupart des procès viennent de l'ignorance des notaires. Ils sont de grands fleuves qui alimentent la mer des assignations. Ces vieilles rives neigeuses ressemblent aux glaciers des Alpes, d'où coulent imperceptiblement les grosses rivières d'Europe.

Cette faute capitale d'une mauvaise rédaction doit être mise en première ligne, surtout aujourd'hui qu'un notaire minute en dansant, inventorie en frédonnant Rossini, ou achète une terre en disant : « J'ai le roi, et la vole. »

Que faire? il n'y a d'autre remède que celui-ci : l'homme assez malheureux pour avoir une grande fortune doit se soumettre à une étude très-profonde des lois, des actes, etc. ; il doit connaître la procédure, faire son droit, être en état de rédiger un acte, de dresser un bordereau, de régler une succession, un partage : telles sont les charges, tels sont les ennuis de la fortune : aussi n'est-il pas étonnant que tant de gens préfèrent la pauvreté.

Lorsqu'un homme riche saura ainsi se mêler de ses affaires, il se garantira de ce vice capital qui entache beaucoup d'actes notariés.

Il y a bien un autre remède, qui est d'appeler auprès de soi un bon avocat et de lui donner l'acte à examiner avant la signature ; mais il faut avoir soin de ne pas le mettre en contact avec le notaire.

C'est ainsi qu'en usent plusieurs grandes maisons, où il serait peu séant que l'héritier présomptif fît son droit et allât chez un avoué : ces maisons-là ont ce qu'on appelle *un conseil*. C'est une assemblée de quelques bons casuistes judiciaires qui veillent aux intérêts du propriétaire.

Un autre danger auquel on est en butte, et qui n'est pas moindre, c'est une foule de petits actes dont les notaires farcissent une grande affaire.

Supposez une succession bien hérissée de difficultés : on fera vingt procurations, une nuée de quittances, etc.; on enverra un pouvoir à cinquante lieues, à quelque agent, et l'agent répondra que la pièce n'est pas suffisante.

Votre grand-père meurt ; que Dieu veuille avoir son âme ! En son vivant, le digne homme était possédé de la rage des meubles, des tableaux, des tabatières, etc.

Vous êtes plusieurs enfans ; il faut un inventaire. Eh bien ! voyez tout d'un coup ce que les manies de ce bon vieillard vont vous coûter.

On commence l'inventaire ; le notaire dresse chez lui *l'intitulé*. Vous croyez qn'il n'y a qu'à mettre : Inven-ventaire de *monsieur un tel....* Pauvre ignorant !....

L'intitulé contiendra toutes vos qualités, vos pouvoirs, vos droits à succéder, etc., et l'on y annexera les procurations de vos sœurs ou frères qui sont à cent lieues.

Le clerc fait cela en une matinée : il y a quelquefois sept ou huit pages de minute : on vous comptera trois vacations. Une vacation est une période donnée de temps pendant laquelle on travaille chez vous. Cette vacation se paie cher. Suivez bien ces mouvemens-là :

On arrive chez vous, et depuis la cave jusqu'au grenier, vous présent, on furète, on cherche pour découvrir tout ce que laisse ou ne laisse pas votre grand-père.

Vous voyez deux clercs au nez pointu qui sondent les boiseries, secouent les tables, remuent les chaises, et cherchent, comme Cromwell, « *l'esprit du Seigneur.* » Pendant tout ce temps, le notaire ou son clerc écrit, et le commissaire-priseur apprécie les objets.

Voyez-vous la dépense que vous causent ces tabatières, ces tableaux !

— Oh! voilà un bien beau morceau ! s'écrie un clerc.

Le notaire l'interrompt. Le commissaire-priseur arrive; on examine, on admire; vous, vous êtes flatté, vous racontez où et comment votre grand-père se procura ce chef-d'œuvre, combien il y était attaché, etc., et l'on vous écoute : l'heure se passe.

Cependant, de temps en temps, le premier clerc ou le second disent d'un air fâché : « Ne perdons pas notre temps : allons, Messieurs, il est précieux. »

Mais telle est la curiosité humaine, que chaque vacation s'écoule rapidement en scènes pareilles. Vous vous émerveillez de la promptitude de ces messieurs, de leur esprit à trouver les cachettes où les avares mettent leur argent ou leur testament, et il vous serait impossible de faire moins de vacations.

Or, l'inventaire après la mort de

madame de Pompadour dura une année entière.

Nous ne faisons pas mention de l'expédition de l'inventaire que l'on vous donne *en grosse*, et qui coûte immensément cher; songez bien qu'en principe général, *il faut toujours déclarer avec fermeté que vous ne voulez pas d'expédition de l'inventaire.*

Cette minute, qui vous paraît définitivement écrite, qui ne tient que dix ou vingt pages, vous arriverait en un volume in-quarto de quatre cents rôles. Ce serait comme un changement de costume de Perlet : vous l'avez vu sec et grêle dans le *Gastronome sans argent;* il reviendra gras comme Bernard Léon dans la *Loge du portier.*

Ainsi, nous le répétons, ne demandez jamais d'expédition chez les notaires, les actes de ventes exceptés; contentez-vous de prendre la date de la *passation* de l'acte et le nom du notaire. Cet axiome est des plus importans : quand *vous vous mariez*, par exemple, si on vous apporte une expédition sur parchemin de votre contrat de mariage : de jolis rubans roses le nouent de toutes parts, et sont comme les drapeaux de votre victoire! Croyez-vous que cette galanterie notariée ne vaille pas une gratification excessive? Faveur pour faveur, rien pour rien.

Un autre chapitre bien plus important, et sur lequel nous ne pouvons guère nous expliquer, c'est l'article 24.

des dépôts entre les mains des notaires. Dans cette affaire, tout est confiance : c'est comme le choix d'un médecin. Il y en a qui se fondent sur la science de Lavater, examinent les traits de leur notaire, s'enfuient s'il est rouge ou si ses yeux sont verrons, s'il louche ou s'il cloche. Pour nous, nous ne pouvons que montrer, par un exemple, toute l'influence d'un notaire sur un dépôt, et d'un dépôt sur un notaire.

En je ne sais quelle année, un jeune homme sans fortune acheta une belle étude de notaire à Paris. En ce temps-là une grande et forte maison de banque fit une faillite considérable. Cependant, lorsque *messieurs tels*, *tels et compagnie* furent arrivés en un pays étranger, ils furent étrangement surpris de recevoir une lettre du syndic de leurs créanciers, qui les avertissait sous main qu'il se trouvait à l'actif une somme deux fois plus forte qu'au passif. Les banquiers de revenir, et de décider, sur l'avis du syndic, qu'ils laisseront les créanciers s'arranger entre eux, moyennant une somme d'un million déposée chez un notaire.

Le hasard voulut que le million tombât entre les mains du jeune notaire dont il vient d'être fait mention. On apporta dix fois cent mille francs dans sa caisse.

Vous avouerez que la position était perplexe ; et tel qui se croit le plus honnête homme du monde, pour peu qu'il eût d'imagination, ne dormirait

24..

guère si son oreiller était rembourré de dix fois cent billets de banque.

Notre jeune notaire fit tant et tant de réflexions, qu'il résolut de posséder *légalement* le million. Il s'enquit des causes qui avaient fait déposer la bienheureuse somme, et il apprit que des procès du diable, survenus entre les créanciers, procès interminables, parce que deux Normands, cinq avoués et trois hommes d'affaires s'en mêlaient, retardaient indéfiniment le paiement des créances. « Bah! lui dit le créancier désolé, auquel il s'était adressé, il y en aura pour deux années!.... Et le malheur, c'est que nos fonds ne nous rapportent rien. »

Ces dernières paroles germèrent dans le cœur de notre jeune notaire:

alors le gouvernement venait de créer
un emprunt viager. Le jeune homme
alla sur-le-champ donner son million
au Gouvernement, et reçut en échange
une inscription de cent mille livres
de rente viagère.

Il espère que les contestations du-
reront au moins cinq ou six ans, que
les intérêts des cent mille francs qu'il
touchera tous les ans, cumulés avec
les cent mille francs mêmes, rétabli-
ront le million, et que, le paiement
fait, il se trouvera honnêtement pos-
sesseur de cent mille livres de rente.

Tout sembla d'abord aller au gré
de ses vœux. Pendant un an et demi
le feu se mit aux créances, et le diable
avec ses cornes n'aurait pu rien dé-
mêler dans cette fusée processive;

mais au bout de deux ans on remarqua que chaque année la masse perdait cinquante mille francs d'intérêts, et que, pour peu que l'on plaidât quelques années de plus, on se ruinerait en frais et en perte d'intérêts; si bien qu'un beau jour le calme naquit, l'on ne s'occupa plus que de régler les créances, et d'envoyer chez le notaire créanciers sur créanciers tous munis de leurs bordereaux.

Le jeune homme fut tout stupéfait lorsque le premier créancier que les syndics lui détachèrent, se présenta, muni d'un bordereau de sa créance, etc : il apprit la fatale nouvelle d'une pacification générale.

Alors il n'eut d'autre ressource que de traîner en longueur. Il fit observer qu'il ne pouvait payer que lorsque tous les créanciers seraient réunis , afin de ne pas avoir à payer plus que le million en dépôt.

Ceci parut juste : on s'empressa de tout régler ; et un beau jour il fut salué de la demande du million. Il prétexta encore quelques affaires, trouva moyen de faire intervenir deux ou trois oppositions ; mais **au bout** de six mois tout était en règle ; et enfin il se vit forcé de convoquer tous les créanciers un beau matin dans son cabinet.

Ce ne fut pas sans un mouvement d'effroi qu'il se vit entouré d'une cinquantaine de créanciers dont les mains brûlaient de palper ce précieux argent. Il les fit asseoir tous ; et, se mettant vis-à-vis de son bureau, dans son fauteuil notarial, il les regarda avec inquiétude : un silence solennel régnait.

« Messieurs, leur dit-il, voici bien tous vos bordereaux, ils sont en règle; il ne me reste plus qu'à vous payer. »

A ce début, on s'entre-regarda avec satisfaction.

« Je ne le puis pas en ce moment, car je n'ai plus le million que l'on a déposé.... »

A peine cette parole fut-elle lâchée, que les cinquante créanciers se lèvent; la colère étincelle, les yeux s'animent; comme dans un chœur d'opéra, les créanciers s'élancent vers le notaire, et ces paroles furieuses sont mille fois répétées : « Vous êtes un fripon ! Où est notre argent?.... Il faut le poursuivre ! etc. »

Mais cette fureur soudaine tomba, comme la voûte blanche d'une casserole pleine de lait qu'on retire du feu, lorsque les créanciers virent l'air impassible du notaire.

« Messieurs, leur dit-il, je vois avec peine que vous n'êtes pas sages ; vous compromettez vos créances. Songez bien à ne pas me causer la moindre peine ; je suis délicat, d'une complexion faible, et le chagrin me rend malade. Si vous détruisez ma santé ou ma réputation, vous perdez tout ; si, au contraire, vous avez pour moi des attentions particulières, si vous prenez garde à ce que rien ne me choque, et que vous me fassiez vivre tranquillement, avant trois ou quatre ans, cinq ans au plus, vous aurez tout reçu, intérêts et principal : vous voyez que c'est avoir de la conscience. Aussi j'imagine que vous consulterez mes goûts, mes fantaisies, mes plaisirs ; que vous, *monsieur un tel*, vous m'enverrez des bourriches du Mans ; *monsieur X.*, vous m'inviterez à vos fêtes. Oui, Monsieur ; car une jaunisse, un choléra-morbus, un champignon mal choisi vous feraient perdre tout. »

Le silence le plus profond régnait, et quelques créanciers croyaient que le jeune notaire extravaguait. « Messieurs, ajouta-t-il, voici une inscription de cent mille livres de rente viagère constituée sur ma tête, et voici où est votre million (il leur montrait son estomac); j'ai placé votre argent entre les mains du gouvernement, qui me le rend en détail; on aurait pu vous le voler chez moi, je l'ai mis à couvert. Vous voyez que vos créances sont sûres, et dépendent de ma santé.

» Pour preuve de ma bonne foi, voici deux cent cinquante mille francs pour payer ceux d'entre vous qui sont le plus pressés ; les autres n'attendront pas long-temps. » Il dit. A la colère succède la plus profonde admiration pour une manœuvre si habile : les avoués présens, surtout, rendaient un pur hommage à cette savante combinaison.

« Ce n'est pas tout, Messieurs; j'exige le plus grand secret, car j'ai

25

mon honneur à cœur ; et si mes affaires se ressentaient de votre indiscrétion, j'en mourrais de chagrin. »

On lui garda long-temps le secret,
et le jeune notaire amassa par ce
moyen une des fortunes les plus remarquables dont le notariat ait gardé
le souvenir.

On n'est pas toujours aussi heureux. Cet exemple cependant doit suf-
fire pour l'article *Dépôts*.

Parmi les services que l'institution
des notaires rend à la société, il faut
compter celui de servir d'intermé-
diaire entre les prêteurs et les em-
prunteurs : ils sont les pères conscrits
de la république des hypothèques.

Toute cette affaire-là roule sur eux et leurs actes. Mais, en cette matière encore, il y a nombre de dangers.

Il est des gens qui prétendent que certains notaires, surtout en province, ont l'art de placer pour le prêteur les fonds à cinq, et d'en tirer sept, huit et même neuf de l'emprunteur. Ils ajoutent, ces calomniateurs, que ce surplus d'interêt se règle et se paie par des billets, dont l'échéance coïncide avec celle des intérêts légaux : ceci n'est qu'un jeu d'enfant. Qu'un notaire place par an cent mille francs, un ou deux pour cent produisent mille ou deux mille francs. On ne se compromet pas pour cent louis ; ce serait l'histoire du Normand pendu pour des clous.

D'autres prétendent qu'il est facile aux notaires de vous faire prêter votre argent à des gens en déconfiture, et de vous faire perdre ainsi des sommes que l'on ne peut pas rembourser, parce qu'elles sont les *dernières inscrites*. Pourquoi un notaire ferait-il cela ? Et quelle somme pourrait payer le discrédit que des opérations semblables répandent sur une étude ?..... Ceci, d'ailleurs, est l'affaire du client, et c'est un piége que l'intelligence la plus épaisse peut éviter en vérifiant les hypothèques.

Sur cette matière, une affaire récente a jeté de grandes lumières, et a prouvé que, dans l'emploi de ses fonds, un homme doit être minutieux jusqu'au ridicule.

En général, un homme du monde, et qui a reçu une certaine éducation, ne renonce à la probité que pour de fortes sommes capables de l'enrichir pour toujours. D'après ce principe, on ne doit se défier que lorsque l'argent prêté peut être, par un moyen quelconque, soustrait habilement.

Récemment un notaire, dont la fortune apparente excluait tous les soupçons, avait imaginé de s'approprier les sommes que ses cliens étaient censés prêter à des individus chimériques.

Il avait soin de faire reposer la somme prêtée sur une belle propriété, et de ne jamais mettre le soi-disant emprunteur en rapport avec son client.

25..

Il donnait au prêteur une obligation dressée par lui notaire, et qui était fausse; puis il lui fournissait une fausse hypothèque.

C'était une chose réellement plaisante que de voir ce notaire examinant les maisons de Paris, et choisissant les plus belles pour les hypothéquer imaginairement de cent, deux cent mille francs.

Entre autres aventures, arriva celle-ci, peu de temps avant la catastrophe. *Monsieur B....* avait imaginé *d'emprunter*, selon sa méthode, quarante mille francs à un de ses amis; et il les avait soi-disant empruntés pour sa belle-mère qui, dans l'acte, affecta comme gage de sa créance une maison

de campagne sise à Saint-Maur, près
Paris.

Au bout de quelques jours, le prêteur, allant se promener au bois de
Vincennes, s'ingéra par curiosité d'aller voir cette maison de campagne,
sur laquelle il avait hypothèque : il
trouve les dehors charmans, et il
entre.

Ne supposant pas que des gens auxquels il a prêté quarante mille francs
lui refusent l'hospitalité, il se fait annoncer, et il se voit reçu par la belle-
mère du notaire avec tous les signes
de la froideur.

Il loue avec emphase la charmante
retraite, et desire voir l'intérieur ; il
parle enfin comme s'il était chez lui.
La dame, le prenant pour un de ces

intrigans dont Paris abonde, mais surtout étonnée de son air de bonne foi, lui dit enfin: .

« Monsieur, je n'ai pas l'honneur de vous connaître, et je ne sais à quel motif attribuer.... » Il l'interrompt, en disant avec un air de triomphe : « Je suis monsieur ***..... »

La dame le regarda avec un air surpris ; et lui de répéter : « Monsieur ***..... »

Enfin il prend la parole et explique le prêt de quarante mille francs, et l'hypothèque qu'il a sur la maison.

La dame nie le fait, et une dispute vive s'élève. En disputant, la belle-mère du notaire s'emporta, et monsieur *** fut forcé de se retirer. Madame...... l'avait mis en déroute complète.

De grand matin, le lendemain, il accourt chez le notaire, lui raconte son aventure, et lui en demande l'explication d'une manière assez vive.

— « A qui avez-vous parlé ? » demanda le notaire.

— « A une dame. »

— « Une dame d'un certain âge, brune, vive, emportée ? »

— « C'est bien cela. »

— « Eh bien ! mon cher, ce n'est pas étonnant : ma belle-mère est folle, elle a la tête timbrée. Par égard pour la famille, on ne veut pas la faire interdire ; mais on la tient là sans lui parler d'affaires. Avez-vous des craintes, je vais vous rembourser.... » Et il le remboursa, craignant les suites de cette affaire.

Une seconde aventure plus originale encore fit découvrir le mystère des opérations de M. B., qui prit la fuite.

La chambre des notaires a déclaré que tout serait payé par elle ; et, par cette noble conduite, les notaires de Paris ont prouvé que leur honorable solidarité est la meilleure de toutes les garanties.

Néanmoins, riche ou pauvre, suivez avec attention les différentes opérations qué vous faites : c'est un conseil qui vaut plus que le petit écu que vous coûte ce livre.

§. 2. DE L'AVOUÉ.

Nous voici parvenus enfin à cette industrie célèbre qu'un concert unanime d'accusations a sans cesse poursuivie sans pouvoir jamais l'atteindre. Honneur au génie des praticiens français ! ils sont les doyens, les patrons , les saints, les dieux de l'art de faire une rapide fortune ; et, avec la sagacité qui leur attire tant de louanges, ils répondent à la critique par cet argument plein de force : « Ce n'est pas notre faute si Thémis , dont nous sommes grands dignitaires, mécontente toujours une personne sur deux. De là vient que, si l'on juge par an cent mille causes en France , il y a cent mille détracteurs du corps honorable des procureurs. »

De toutes les marchandises de ce bas-monde , la plus chère est sans contredit la justice. Beaucoup de personnes pensent que la gloire est encore plus coûteuse ; mais nous tenons pour la justice, et nous allons prouver que nous n'avons pas tort.

Posons d'abord pour premier principe , que la plus mauvaise transaction , rédigée même par un notaire ignorant, est meilleure que le meilleur procès , voire même que le gain de ce procès ; et tenons pour certain qu'en mettant le pied chez un avoué, on met sa fortune au bord d'un précipice..... Là-dessus , si vous doutez encore, lisez.

Il y a de jeunes clercs qui, pour vous expliquer le danger que l'on court chez eux, vous citeraient pour premier exemple ce qu'on nomme *la broutille*. Or, comme ces broutilles ne sont, à proprement parler, que les *broussailles* d'une forêt, nous n'y mettrons le feu qu'en dernier ; car aujourd'hui la *broutille*, qui charmait les anciens procureurs, n'est plus qu'un jeu d'enfant qu'on abandonne aux commençans ; il est même reconnu *qu'on y perd*. Pour nous, nous irons sur-le-champ au plus pressé, et nous ferons voir comment la chose du monde la plus simple devient la plus embrouillée, et conséquemment la plus productive.

De l'Ordre.

Vous vous imaginez peut-être qu'il s'agit ici de l'ordre que vous devez avoir dans vos affaires.... Vous êtes à cent lieues : ici *ordre* signifie confusion, embrouillement du diable, le feu !

Figurez-vous un moment que vous avez uue maison (peut-être n'avez-vous pas le sou, qu'importe, figurez-vous-le ; cela fait toujours plaisir). Celui qui a une maison n'est pas toujours bien riche ; et, comme votre femme a des fantaisies, vous des desirs, il en résulte que vous mangez vos capitaux ; vous empruntez bientôt.

Vous allez chez les notaires chercher de l'argent à cinq, six, sept, huit pour cent ; et vous voilà hypothéquant votre belle maison , cette maison qui vaut sept ou huit cent mille francs ; d'abord de dix , puis de vingt , puis de cinq , puis de dix mille francs , vous voilà, ne payant pas aux échéances , forcé par conséquent de faire des transports , de nouveaux emprunts, etc.

Au bout d'une dixaine d'années , vous devenez soucieux ; et, en vous levant un matin , vous dites à part vous : « Ventrebleu ! il faut que j'arrange mes affaires : faut-il qu'il y ait trente ou quarante hypothèques sur une si belle maison ! » En effet, soit que vous entriez, soit que vous sortiez, au lieu de voir des persiennes et des gouttières , vous croyez voir planer sur les

toits un nuage de deux, trois, quelquefois quatre cent mille fr., et à travers la nuée une centaine de figures
qui ont l'air de demander de l'argent
et qui voltigent çà et là.

Alors, un beau jour, vous conce-
vez l'heureuse idée de mettre votre
maison en vente, de réaliser le reste
de sa valeur en inscriptions sur le
grand-livre, et de vivre enfin tranquille. En effet, vous témoignez bientôt l'intention de vendre. Aussitôt
que vous en agissez ainsi, vos créanciers ont peur : ils s'imaginent que
vous êtes dans de mauvaises affaires;
ils demandent à être remboursés.
Vous n'avez pas le sou; ils vous pour-
suivent, et veulent vous exproprier.
Voilà ce que les avoués appellent

mettre le feu dans une affaire. Mais ce n'est pas encore là *l'ordre.*

Vous choisissez un avoué pour vous défendre : c'est alors que commence le tapage. Les uns prétendent que le prix de la vente ne suffira pas pour les payer ; les autres vous demandent plus d'intérêt qu'il ne leur **en revient** ; mais votre avoué fait une vigoureuse défense, et après une lutte où vous remportez quelquefois l'avantage, on convient de convertir la saisie immobilière en une vente volontaire.

Vous êtes content, car vous pensez que vous aurez du reste, et que vous finirez par vivre tranquille : et en effet votre maison se vend six cent mille francs. Alors l'action recommence entre les créanciers qui se disputent les rangs d'inscriptions, etc.

Votre acquéreur, ennuyé, fait des offres, et ce petit procillon accessoire aboutit à faire déposer le prix à la caisse d'amortissement.

Enfin, après bien des jugemens, bien des disputes, on fait *un ordre*; c'est-à-dire que vos créanciers vont se faire payer en justice, les uns après les autres. Vous allez penser que c'est une chose toute simple? Erreur!..... Voici comme on procède:

L'avoué de l'acquéreur et l'avoué du plus ancien des créanciers *signifient* à tous les créanciers: 1° le jugement d'acquisition ou le contrat; 2° la requête aux juges pour régler les créances; 3° l'état de vos inscriptions, etc.

Ainsi le veut une loi sage : car ne faut-il pas que chaque créancier connaisse le jugement, et puisse surenchérir s'il trouve l'immeuble vendu à vil prix ? n'a-t-il pas intérêt à vérifier l'état des inscriptions pour savoir s'il est à son rang, si l'on n'y a pas inséré de fausses créances, des créanciers payés ? etc. Contester, rien de plus juste.

Vous, pendant ce temps-là, vous vous croisez les bras et faites le joli cœur.

Souvent l'avoué de l'acquéreur et l'avoué des plus anciens opposans sont une seule et même personne ; car ordinairement c'est un fort créancier qui achète l'immeuble ; et alors voyez tout d'un coup comme votre bien va se manger dans l'ordre !

Il **y a** cent personnes inscrites, sans compter les avoués, qui se font payer leurs frais par privilége sur l'immeuble lui-même ; et ne mettre que *cent inscrits*, c'est être modeste ; car souvent vos créanciers ont transporté à d'autres personnes le tiers, le quart, la moitié de leur créance ; et il **y a** quelquefois, pour un de vos emprunts de dix mille francs, trois ou quatre parties prenantes que vous ne connaissez ni de Sem, ni de Cham, ni de Japhet. Daignez donc suivre avec attention le calcul que nous allons faire.

Un jugement d'acquisition qui n'a que deux cent cinquante rôles, est modeste, si vous songez que le rôle n'a que vingt lignes, que cinq sylla-

bes à la ligne, et qu'il contient toute
l'histoire de vos prédécesseurs dans
la possession de la maison ; et qui l'a
bâtie, et sur quel terrain ; et dans
quelles circonstances, etc.; sa des-
cription, la procédure, etc., etc.

Ainsi nous compterons deux cent
cinquante rôles, ci. . . . . . 250 rôles.

Nous serons fort modes-
tes en mettant cinquante
rôles pour la requête par laquelle vos créanciers demandent aux juges d'ouvrir l'or-
dre, ci. . . . . 50 rôles.

L'état des inscriptions,
oh! pour celui-là, trois cents
rôles ne sont pas de trop,
ci. . . . . 300 rôles.
____
TOTAL. . . . . . 600 rôles.

Voilà donc six cents rôles que l'avoué doit signifier aux cent et tant de créanciers inscrits sur votre maison. Or, la loi lui accorde six sous (ce n'est pas trop) par chaque rôle de copie à signifier, et une feuille de papier timbré de soixante-dix centimes par six rôles de copie.

Ainsi, calculons ce qu'il en coûtera pour signifier ces six cents rôles à un seul créancier :

1º. six cents rôles de copie à six sous, ci................ 180 fr.

2º. cent feuilles de papier timbré à soixante-dix centimes, ci................ 70
____

TOTAL....... 250 fr.

Multipliez maintenant ces deux

cent cinquante francs par cent, vous trouverez une trentaine de mille francs pour une seule petite signification. Mais, vous me direz, l'avoué n'y gagne pas trop; ne faut-il pas qu'il copie cent fois six cents rôles? ce qui fait soixante mille rôles d'écriture : où peut-il avoir assez de clercs ?....

Assez, assez, mon cher Monsieur, les clercs n'écrivent pas une panse d'*a*...

En effet, voulez-vous savoir quel sera le bénéfice de l'avoué ? le voici : sur la feuille de soixante-dix centimes qui doit tenir six rôles , il en fera mettre quarante , et des dix mille feuilles qu'il doit employer, il y en aura huit mille cinq cents pour lui.

Ce n'est pas tout ; au lieu de faire copier ces soixante mille rôles , qui lui coûteraient plus de quinze mille francs s'il fallait les faire écrire par la main des hommes, il fera lithographier cette signification, qui ne formera plus guère qu'une feuille in-8°. d'impression ; et, tirée à cent et tant d'exemplaires, elle lui coûtera, au lieu de six sous par rôle que vous êtes par le tarif obligé de lui payer, elle lui coûtera tout au plus un douzième de centime.

Voilà par où l'on commence un ordre : mais vous pensez bien que nous ne vous donnerons que les gros traits. Nous ne vous embarrasserons pas des contestations, des collocations, des procès incidentels, des chicanes, etc. Nous ne vous ferons qu'une dernière observation : vous avez cent créanciers ; mais ces créanciers ont changé chacun de demeure, pendant les dix ans que vous avez mis à emprunter trois ou quatre cent mille francs, et la demeure du prêteur dans l'inscription hypothécaire n'est souvent plus la même que la demeure actuelle des créanciers. Or, la loi veut, pour que les créanciers ne puissent pas être frustrés, et que l'on ne vende pas leur gage à leur insçu, on leur signifie les actes à toutes les demeures possibles ; ainsi, si chaque créancier a une maison de campagne, au lieu de trente mille francs, en voilà soixante.

Nous ne vous entretenons pas des remises que les huissiers font aux avoués pour avoir leur pratique. Cependant, si la signification coûte vingt francs, et qu'ils en donnent cinq à l'avoué, sur deux cents significations, voilà encore un billet de mille francs, toujours pour l'avoué.

Nous avons toutefois un dernier trait plus fort que tout ceci : c'est que rien là-dedans n'est illégal ; ces choses-là sont faites d'après le tarif, et vous n'avez pas un mot à dire. L'avoué qui fait cette affaire-là n'est pas plus un fripon que vous, ou que *monsieur un tel*. Ce n'est pour vous qu'un malheur, comme quand on se casse une jambe.

Bref, si vous avez pour quatre cent mille francs de dettes, et que votre immeuble soit vendu six cent mille francs, déduction faite des frais de poursuite, des frais de l'ordre,

des frais des procès accidentels, etc.,
vous pourrez en retirer une cinquantaine de mille francs.

Cependant s'il arrivait que dans
toute cette affaire-là un créancier,
poussé par son avoué, s'avisât de surenchérir, ou que votre femme eût
des droits mal établis sur l'immeuble,
ou que des mineurs fussent dans
l'ordre, tout serait désespéré : il
faudrait alors vous enfuir aux Etats-
Unis.

La législation des hypothèques est
cependant une fort belle chose.

Souvent, lorsque dans une affaire
bien intéressante pour vous, un juge-

ment est rendu, dont vous voulez l'expédition sur-le-champ pour le signifier à l'adversaire et l'arrêter dans ses entreprises contre vous, vous demandez cette expédition à l'avoué; il vous regarde et vous dit : « Cela ne dépend pas de moi...... c'est le greffier du tribunal : allez au Palais, pressez-le.... »

Vous feriez plutôt trente lieues que de trouver ce greffier; et si vous parvenez à le trouver, il vous montrera une centaine de jugemens à expédier avant le vôtre; et cependant vous donneriez mille francs pour avoir ce jugement.

Vous retournez chez votre avoué, le désespoir dans l'âme; et lui il sourit. « Que faut-il faire pour avoir ce

maudit jugement? — Voulez-vous
vous en remettre à moi? dira l'avoué;
mais il faut payer grassement l'*étude*.
Vous consentez. Trois jours après
vous avez le jugement. Mais aussi, à
la fin du mémoire de frais, se trouve
cette ligne sententieuse : « Pour soins,
démarches, courses, etc... cinq cents
francs. » Et l'on paie sans mot dire.
Bienheureux lorsqu'un clerc ne vous
demande rien pour l'*étude*.

Lorsque dans une affaire bien embrouillée, et au milieu de laquelle les
jugemens vont et viennent comme des
boulets sur le champ de bataille, il se
trouve un grand nombre de parties

en cause, les jugemens se signifient d'avoué à avoué et de partie à partie.

Alors on les signifie *en blanc*.

Signifier en blanc, c'est copier tout le *dispositif* du jugement, précédé de *Charles, par la grâce de Dieu, roi de France et de Navarre*, etc., quelques *attendu* du jugement et le dernier rôle.

Alors on compte sur le mémoire de frais la signification comme si tout y était. Et si le jugement a cent rôles, qu'il y ait dix parties, vous pouvez concevoir le bénéfice d'après les calculs faits à l'article de l'*ordre*.

Malgré tout notre respect pour messieurs les praticiens, nous avouerons que ceci est presque équivoque, et peu sentimental.

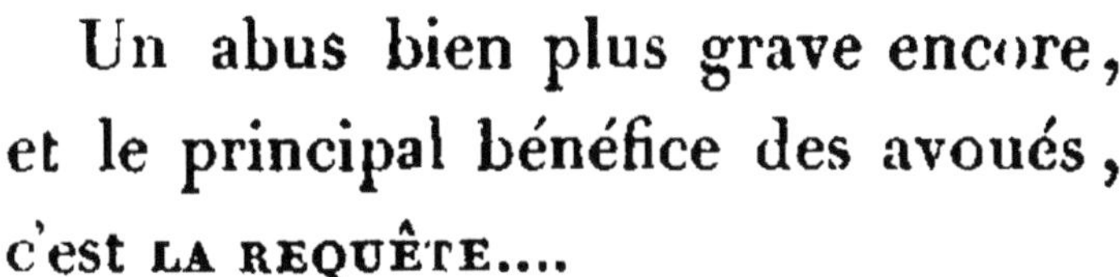

Un abus bien plus grave encore, et le principal bénéfice des avoués, c'est LA REQUÊTE....

Pour bien comprendre ce que c'est qu'une requête, il faut toujours avoir devant les yeux le petit décompte que nous avons fait pour les significations de l'*ordre*. Maintenant, cher lecteur, donnez-nous quelques instans d'attention.

Dans les affaires, quelles qu'elles soient, lorsqu'on vous attaque en justice, et que l'on prétend sur vous un droit que vous ne voulez pas concéder, vous vous trouvez avec votre adversaire *coram judice;* vous avez l'un et l'autre un avocat qui plaide et vide vos raisons : ceci est la bataille ; les avocats sont les corps d'armée. Mais avant d'en venir aux mains, les belligérans publient des manifestes, font des déclarations de guerre.

Votre déclaration de guerre à vous est *l'exploit introductif* d'instance : c'est une niaiserie.

Vient le manifeste : c'est la requête..... Cette requête est censée présentée aux juges, qui ne la lisent jamais, par votre avoué qui, dans ce cas, est votre représentant, votre parrain.

Cette requête se signifie d'avoué à avoué, et jamais aux parties ; elle les enflammerait par trop. De telle façon que, s'il y a dix parties, il y a dix co-

pies de la requête et dix significations
de cette requête : il existe une minute que garde votre avoué. Cette
minute, qui reste au dossier, s'appelle *la grosse.* Ce surnom, vous le
prendriez pour un quolibet, un ca-
lembour, s'il vous était donné de voir
la grosse. Cette grosse consiste en
feuilles de papier timbré du grand ca-
libre, sur lesquelles vos raisons sont
déduites, selon l'ordonnance, à vingt
lignes par feuille et à cinq syllabes par
ligne.

Chaque feuille s'appelle un rôle, et
ce rôle de la grosse se paie deux
francs pour l'éloquence seulement;
car le papier, le timbre et la signification sont à part.

Nous avons vu des requêtes de

deux cents rôles, de trois cents rôles, signifiées à vingt parties.

Vous sentez que si l'ordonnance exige vingt lignes et cinq syllabes, il y a rarement plus, et souvent moins.

Il n'y a point d'affaire où l'on ne fasse une requête.

Vous vous nommez *Brutus*, vous enfant de la révolution! il vous faut un jugement pour rectifier ce nom infâme et prendre le nom de *Pierre*. Requête de monsieur Brutus *** à monsieur le Président, etc. Et cette requête expose en vingt rôles les effets de la tourmente révolutionnaire, les crimes dont la France s'est souillée, la prudence du législateur qui a permis à celui qui a pour prénom

Saint-Maur, et qui s'appelle Pierre, de pouvoir changer de nom, puis les articles du Code, etc.

Un changement de nom, un M ou un L, saint Pierre, Jacques, Brutus, coûtent cent écus.

Vous sentez que pendant qu'un clerc grossoie la requête, s'il y a dix parties, il y a dix clercs qui écrivent la copie pour signifier ; et c'est là le miracle. On parle beaucoup du miracle des cinq pains qui donnèrent à manger à quarante mille hommes : le procureur fait tout le contraire ; les quarante mille lignes de la requête doivent tenir dans cinq pages, et les clercs ont ordre d'écrire menu, serré, et d'abréger les mots.

Ainsi, ff^{ou} veut dire signification,

j' jugement, ff' signifié, r^{qte} requête, q^{lq} quelque, i^{est} incessamment, etc. Mais les clercs ont à se battre contre les lois du fisc, qui défendent, sous peine d'amende, de mettre plus de *quarante* lignes sur un carré de pa-pier timbré de trente-cinq centimes. Cependant, comme les fiscaux n'ont pas eu l'esprit de prescrire le nombre de lettres, on voit des lignes menues et des lettres si fines, qu'il faudrait, comme au Voltaire en un volume, une loupe pour lire. Nouveau béné-fice ; car on passe le plus qu'on peut de la réquête.

Vivent les plumes de corbeau pour former ces caractères sacrés qui font vivre la basoche ! Une plume de corbeau écrit mille fois plus délicatement que le pinceau d'un peintre en miniature.

Ensuite il existe un art de phraser et paraphraser, qui est vraiment chose curieuse : par exemple, ce sont des louanges pour les législateurs, des considérations nouvelles, des aperçus d'une finesse, et en même temps d'une longueur, qui font souvent rire les juges eux-mêmes.

Par exemple, lorsqu'en 1814 la paix ramena les Bourbons, Louis XVIII fit en décembre une ordonnance qui restituait aux émigrés tous leurs biens non vendus. Il y eut une foule d'oppositions de la part de certains créanciers. La phrase suivante, sacramentelle et populaire dans les études, se retrouve assurément dans un nombre incommensurable de requêtes.

« Lorsque, dans sa sagesse, Dieu
» faisait peser une main de fer sur la
» France (c'est à Bonaparte que s'a-
» dressait ce terrible membre de phra-
» se), qu'il l'affligeait de tant de maux,
» qu'il excitait les plus violentes tem-
» pêtes, qu'il pressait les peuples sous
» le poids d'un colosse effroyable,
» que les révolutions déchaînaient
» leur furie, c'était, *messieurs* (la re-
» quête est toujours adressée au tri-
» bunal), c'était pour rendre les Bour-
» bons plus chers à la France, pour
» les lui rendre environnés des bien-
» faits de la paix, sous un jour calme,
» doux : ils ont apparu comme des
» souvenirs gardés par l'ange de la

» concorde, ils ont été reçus par d'u-
» nanimes applaudissemens... Et le roi
» législateur qu'appelaient nos vœux,
» tout en concédant son immortelle
» Charte, a senti que Dieu lui avait
» aussi imposé les devoirs de la recon-
» naissance envers ses anciens servi-
» teurs, victimes comme lui de l'exil,
» et qui l'avaient suivi partout : c'est
» alors que ce grand monarque, aux
» pensées si hautes, si généreuses,
» si digne de ses ancêtres, non content
» de relever les autels, de consolider
» le trône, de rendre à la justice son
» ancien éclat, de faire de la France
» la France ancienne plus forte, plus
» majestueuse encore, a rendu cette
» célèbre ordonnance en date du...,
» qui rétablit les émigrés dans la

28.

» jouissance de leurs biens *non vendus,*
» ne portant ainsi préjudice à per-
» sonne qu'à lui-même ; car ces biens
» dépendaient de la soi-disant cou-
» ronne de l'usurpateur féroce qui
» fit couler dans notre belle patrie
» tant de larmes et de sang. »

Que de rôles ! que de pièces de deux
francs en rapport avec les sentimens
monarchiques ! Voilà par quels rai-
sonnemens on engrosse des requêtes ;
voilà comme on prépare ce grand
combat où les avocats font bien d'autre pathos.

A quoi servent les requêtes ?... à
rien.

Lorsque votre avocat plaide pour vous dans une affaire, vous le payez grassement; vous faites bien : cela n'empêchera pas que dans votre mémoire de frais, chez votre avoué, vous ne trouviez quinze francs pour la plaidoirie de l'avocat, que l'avoué met dans sa caisse; et s'il y a dix plaidoiries, il y a dix fois : tel jour, pour la plaidoirie, quinze francs. Ces quinze francs sont tout le salaire que la loi accorde aux avocats; il est si modique, que les avocats ne le touchent pas; les avoués se l'approprient sans façon. De paroles prononcées par eux à l'audience, néant : c'est égal, vous devez payer quand ils se taisent, comme quand ils parlent ; comme quand ils écrivent.

28..

Lorsque, par suite d'une contestation quelconque élevée au milieu d'un procès, il faut faire une enquête ou une expertise de biens, etc., la loi accorde à la partie la faculté de se faire assister par son avoué, car ce défenseur ne doit jamais l'abandonner: alors les avoués ne manquent jamais de faire requérir leur assistance par leur client dans le procès-verbal de l'expertise, qui se fait à vingt ou trente lieues, et ils reçoivent tant par lieue pour leur déplacement, plus neuf francs par vacation.

Ils restent bien tranquillement chez eux, vont au bal, jouent, dansent;

puis, quand l'expertise est finie, ils vont signer les vacations avant l'enregistrement, et se trouvent avoir gagné, en dormant dans leur lit, en se gobergeant à votre table, en se chauffant au coin du feu, cent, deux cent, trois cent, neuf cent francs, selon l'importance de l'affaire.

Il n'y a pas de raison pour qu'un avoué ne soit pas le même jour en quatre ou cinq endroits différens.

Lorsque feu M. Selves voulut s'élever contre ces abus, on se mit à crier au feu, au pillage, au voleur. Sa voix fut couverte, et il est mort luttant contre le torrent. C'était un honorable et courageux citoyen. On avait réussi à le ridiculiser, et le malheur a voulu que son courage indompté ne fût pas joint à l'adresse, à la satire, à l'esprit de Beaumarchais. Si telles eussent été les qualités de M. Selves, avec sa fortune et sa ténacité, il aurait probablement renversé ce tarif et provoqué de nouvelles lois : mais M. Selves était vieux, infirme ; son style n'avait rien d'attachant, et il s'était attaqué aux hommes, au lieu de combattre les choses. Nous allons en donner un exemple qui prouvera notre assertion.

M. Selves a raconté une anecdote qu'il qualifiait d'épouvantable ; la voici : « Un paysan meurt, laissant à deux enfans sa chaumière et un champ ; le tout vaut sept cent francs ; un avoué passe par-là, profite d'une querelle entre le frère et la sœur, et leur conseille de vendre leur maison par licitation. Les frais s'élevèrent à dix-sept cent francs environ ; et l'homme de loi, après avoir absorbé le champ et la chaumière, poursuivait ces malheureux en payement de ses frais. »

Certes, ce trait est révoltant ; l'avoué capable d'une pareille horreur est un brigand sans armes. Mais tout était légal : si le sentiment se courrouce, la loi est muette ; et M. Selves a laissé parler son cœur sans écouter sa raison, qui lui aurait froidement démontré que les frais d'une licitation étant les mêmes pour un bien d'un million et pour une chaumière d'un écu, il fallait s'en prendre avant tout à la loi ; et au lieu de demander la

pendaison haut et court de l'avoué,
publier un écrit sage, et requérir avec
éloquence une réforme.

Dans une reddition de compte en
justice, l'adversaire discute dans sa
requête les articles de votre compte;
il les rejette ou les diminue, si c'est
en dépense, et vous force souvent en
recette. Votre avoué répond alors par
une autre requête, dans laquelle il
prouve que chaque article est bon et
valable.

Cette requête de nouvelle espèce
est ce qu'on nomme au palais un *souténement*, parce que l'on vous sou-
tient. Eh bien! nous n'avons jamais

vu de souténement avoir moins de deux à trois cents rôles : en effet, chaque article nécessite une petite requête.

Gardez-vous donc d'apurer vos comptes en justice.

Lorsque vous vendez un immeuble par licitation, vente volontaire, saisie, etc., on met dans les Petites-Affiches, à raison de six sous par ligne, l'annonce de cette vente, précédée du jugement qui autorise la vente, avec un petit extrait assez succinct des raisons qui vous font vendre, puis la désignation de l'immeuble ; si bien que cette annonce, réitérée trois fois par adjudication, revient à une somme considérable. Sachez que les Petites - Affiches font la remise du tiers aux avoués, comme les marchands de musique aux artistes : tâchez au moins que cette remise vous profite en quelque chose.

Venons à la broutille. On appelle ainsi la foule de petits actes, tels qu'*à venir*, significations d'avoué à avoué, reprises d'instance, demande en communication de pièces, dires, etc., dont on entrelarde une affaire. Dans une étude bien montée, on doit en faire avant le déjeûner pour trente ou quarante francs tous les matins : mais vous devez voir que cette broutille n'est qu'un feu de paille auprès des requêtes, des adjudications, des or- dres, des redditions de comptes de tutelle, des contributions, etc.

La *contribution* est *l'ordre* appliqué aux meubles. Ainsi, lorsqu'on vous saisit et qu'on vous emprisonne, que pendant que vous dormez dans le corridor de la rue de la Clef, l'on vend vos meubles, le prix n'est souvent pas suffisant pour payer vos dettes : alors on fait un *ordre*, et l'on répartit la somme au *marc le franc* entre vos créanciers ; mais cet *ordre-là* ne vaut pas l'autre : c'est une miniature, com- parée à la peinture à fresque d'une coupole.

Le matin, vers les midi, lorsque l'avoué se lève, qu'il a passé la nuit au bal, et perdu souvent quelque argent à l'écarté, on lui apporte, comme à un ministre, *sa signature*, car les clercs appellent cet acte clérical « *aller à la signature*; » on lui apporte tous les actes de broutille, toutes les expéditions; et alors le jeune avoué, sans lire un mot, signe une centaine d'actes, et s'écarquille les yeux en admirant ces diables de clercs qui ont déjà abattu tant d'ouvrage; mais il s'applaudit *in petto*, car il y a entre un clerc et un avoué une différence aussi grande qu'entre un soldat et un maréchal de France.

Il y a des affaires qui commencent, marchent, se jugent, se payent sans que l'avoué connaisse le nom de son client.

Vous sentez qu'après ces grands traits du métier, nous n'irons pas vous entretenir de la manière plus ou moins habile dont on vous soulève de temps à autre un écu pour telle ou telle vacation, telle ou telle course faite par un petit clerc. Lorsqu'on vous a fait admirer les glaciers de la Suisse, on n'ira pas vous montrer un fromage de Tortoni comme une curiosité.

Il y aurait bien des choses à dire sur la chambre des avoués, des choses plaisantes même ; cependant nous les tairons, parce qu'elles ne sont pas dans notre sujet. Qu'il suffise de savoir que cette chambre est une dérogation à ce principe sacré : « Les loups ne se mangent point ! »

Résumé du Chapitre.

—

Vous vous attendez peut-être à de bonnes maximes qui puissent vous guider dans ce labyrinthe que l'on nomme Palais? Nullement; car, pour ne vous rien céler, il faut vous confesser qu'un avoué retiré n'a pas même les moyens d'empêcher le pillage de sa propre bourse lorsqu'il a un procès. Quelle serait la conduite à tenir pour éviter les frais?.... En vain sauriez-vous votre Code de procédure sur le bout du doigt; en vain connaîtriez-vous les ruses de la basoche; en vain sau-riez-vous que l'huissier et les Petites-Affiches font des remises; en vain les exigeriez-vous; en vain, suivant votre affaire du doigt et de l'œil, défen-driez-vous de faire des requêtes, et vous en tiendriez-vous à une procé-dure sèche comme un squelette....

Un avoué ne ferait pas cela pour son propre père.

Vous ne trouveriez par conséquent aucun avoué pour vous défendre.

Si, comme M. Selves, vous vous en faisiez nommer un d'office, il vous servirait mal, et votre cause serait in-failliblement perdue.

Si votre avoué vous faisait gagner votre cause sans vous pressurer, il deviendrait la *bête noire* de ses con-frères, et attirerait sur lui l'animosité de tout le corps.

Enfin, si vous allez souvent chez votre avoué, même en le payant bien, vous l'ennuierez lui et ses clercs, et ils vous desserviront: que cela vous fasse frémir intimement et vous engage toujours à transiger sur quelque contestation qu'on puisse vous faire; que si vous êtes absolument forcé de plaider, suivez votre affaire, tâchez de vous emparer du dossier, d'examiner ce qu'on fait dans votre intérêt, et empêchez par votre autorité les requêtes coûteuses, les sommations inutiles; faites-vous l'ami de l'étude, sans avoir égard au patron; régalez les clercs, persuadez-leur que vous connaissez les ruses du métier, que vous n'en voulez pas être victime, et bourrez-les de reconnaissance par de bons dîners, de succulens soupers, de substantiels déjeûners ; employez la truffe, les vins généreux, et songez que **trois cents francs** dépensés ainsi économisent mille écus. En tout pays les saints ont plus de pouvoir que le bon Dieu. Ne vous inquiétez jamais du Roi ; mais ayez pour vous la bureaucratie : voilà l'unique planche de salut.

CHAPITRE II.

—

§. 1. Des Agens de change.

Les agens de change ne trouveront pas mauvais, sans doute, que nous ayons donné le pas sur eux aux notaires et aux avoués. Ce n'est pas à l'habileté, mais à l'ancienneté que nous avons dû accorder ici la préférence. En effet, depuis quelques années seulement, on a bien compris toute l'importance des agens de

change : leurs charges, qui ne coû-
taient, en 1814, qu'une cinquantaine
de mille francs, se vendent aujour-
d'hui un million ; et les gens qui sont
à même d'apprécier les ressources de
l'industrie, assurent que ce n'est pas
trop cher.

La probité et la considération des
membres de ce corps financier se sont
sans doute accrues dans la proportion
du prix des charges. Un agent de
change de 1829 doit être dix-neuf fois
plus honnête, plus actif, plus intel-
ligent que son devancier : aussi joue-
t-il vingt fois plus gros jeu ; et sa
maison, ses équipages, son assurance,
se sont-ils établis dans cette proportion tout apologétique du système
décimal.

Messieurs les agens de change sont un de ces bienfaits de la société que l'on est forcé d'accepter, comme les contributions de guerre, les indemnités d'émigrés, les octrois, etc. Que l'on veuille acheter, vendre, transférer, il faut passer par les mains de l'inévitable compagnie. Le mal n'est pas là; mais cette compagnie, semblable aux buissons contre lesquels les moutons laissent toujours quelques flocons de leur blanche laine, dépouille insensiblement l'honnête rentier; de telle sorte que le revenu d'une inscription transférée vingt fois, se trouve absorbée par les frais.

Le ministère d'un agent de change, comme celui de la plupart des officiers civils, est tout de confiance. Lui remettez-vous dans les mains vos fonds pour qu'il fasse un achat? sans vous donner un reçu, il inscrit le montant du dépôt sur son carnet, plus tard, il dit : j'ai acheté à tel cours ; force vous est de vous en rapporter à son dire.

Nous pourrions parler des opérations diverses de bourse et de change; mais nous ne voulons pas dévoiler le secret de certaines fortunes colossales acquises en trois mois ; et si nous rappelons ici les banqueroutes et les procès récens, ce n'est que pour appuyer sur des craintes salutaires le conseil que nous donnons à nos bénévoles lecteurs.

« Fuyez les agens de change ; ne jouez jamais à la Bourse, si vous avez le malheur d'être rentier ; gardez vos inscriptions, touchez vos semestres , dût un nouveau Villèle vous réduire aux trois pour cent.

§. 2. Des Agens d'affaires.

Paris est rempli de ces honnêtes gens qui font leurs affaires en gérant celles d'autrui. Le négociant qui a fait banqueroute, l'avocat sans cause, le commis réformé, se transforment en agens d'affaires, *proprio motu* , comme dit le pape.

Sans nous arrêter à ces pauvres hères qui courent les bureaux et sollicitent par procuration , examinons l'agent d'affaires le plus renommé de Paris, cherchons quelle est son industrie.

C'est un homme d'une quarantaine d'années. Il a l'air aimable, ouvert; ses manières distinguées témoignent qu'il a vu le grand mondè. Sa toilette est bien entendue, son cabriolet sort des ateliers de Robert, il a acheté son cheval chez Crémieu; c'est enfin un homme comme il faut.

Il se lève à dix heures, déjeûne au café de Paris, rend visite à deux ou trois chefs de division, avec lesquels il a des *relations d'affaires et d'amitié* (cela veut dire, auxquels il témoigne, argent comptant, sa reconnaissance). Il court chez quelques créanciers de l'Etat, dont la dette a été liquidée la veille (les bureaux ne les ont pas encore prévenus).—« Votre affaire s'embrouille en diable; vous pourriez bien tout perdre. Le ministre veut rejeter toutes les créances à l'arriéré. Allons ! tenez, le tout pour le tout : j'offre vingt-cinq pour cent de la créance. » Refus. Il offre trente, quarante, cinquante. On signe. Il a les pièces, il court à la caisse toucher la somme entière. Son industrie lui rapporte cinquante pour cent.

Un brave provincial sollicite la liquidation de sa pension; un autre demande une décoration, une place. On réclame les bienveillans secours de monsieur l'agent d'affaires ; il met les pièces à la poste, et les adresse au ministère. Six mois après, par grand hasard, tout est accordé. Monsieur l'agent d'affaires s'empresse d'avertir ses *commettans*. Il vante ses démarches, exalte ses soins, demande une somme énorme pour ses frais, son temps, ses déboursés. Là, son industrie rapporte cent pour cent.

Un intrigant veut obtenir une fourniture. L'agent d'affaires se met en campagne; il voit le secrétaire, il fait un cadeau à la maîtresse de Monseigneur, parvient dans le cabinet, et traite directement l'affaire avec son excellence. Ici, on ne peut spécifier le rapport de l'industrie.

Il y a des agens d'affaires de toutes les espèces : comme les reptiles, il faudrait les classer par famille, et les décrire soigneusement, depuis celui qui ruine la veuve, sous prétexte de lui faire obtenir une pension, jusqu'à celui qui escompte à douze pour cent des billets qu'il passe à quatre à la Banque : mais alors il faudrait faire un livre, et nous n'avons à dépenser que l'espace d'un paragraphe ; résumons-nous donc.

Sur vingt agens d'affaires, il y a dix-neuf fripons, au moins.

Partant, il faut faire ses affaires soi-même, et ne pas se jeter avec préméditation dans un guêpier.

§. 3. Du Mont-de-Piété.

La belle chose que la théorie ! Comme sur le papier, comme dans les discours d'un philanthrope économiste, le Mont-de-Piété joue un beau rôle !

Institution utile et secourable, il offre au négociant embarrassé dans ses affaires, au marchand obligé de réaliser des fonds dans un court délai, une ressource toujours prête. Le malheureux y trouve un secours nécessaire : ses enfans lui demandent du pain, aussitôt le Mont-de-Piété lui prête de l'argent, en échange de quelque objet inutile ; et puis, que d'avantages réels ! on retire son dépôt dès qu'on le veut ; le Mont-de-Piété prête à un intérêt très-modique ; on est inconnu du prêteur, on n'a jamais à rougir de la démarche que l'on fait ; jamais on n'est exposé à un refus : la caisse du Mont-de-Piété enfin est pour la France entière la bourse d'un ami.

Tout cela est beau, très-beau ; malheureusement, lorsqu'on en vient à l'application, tout est changé.

Le Mont-de-Piété prête, il est vrai, à un intérêt très-modique ; mais d'abord il ne prête qu'une somme égale à la moitié de la valeur de l'objet déposé : l'intérêt se trouve donc par le fait accru.

A l'intérêt réel, il faut d'ailleurs ajouter un droit d'entrée, un droit de sortie, un droit de commission, un droit de dégagement ; en somme, le Mont-de-Piété prête à vingt-cinq ou trente pour cent.

Le Mont-de-Piété, en outre, assigne un délai fatal, passé lequel l'objet déposé est vendu aux enchères. Dans ces ventes, le dépôt sur lequel il a été prêté la moitié de la valeur intrinsèque, se vend à un prix assez élevé. Cependant l'administration, qui s'est engagée à tenir compte au propriétaire de l'excédant de la vente sur le prêt et les intérêts, ne restitue jamais rien. En effet, les frais du Mont-de-Piété, joints à ceux de la vente, excèdent un intérêt de cinquante pour cent.

Et c'est cette immorale institution, ce trafic infâme, ce brigandage, horrible en ce qu'il pèse sur la classe laborieuse et pauvre, qui trouve des défenseurs et des appuis. On prétend que le Mont-de-Piété empêche les malheureux d'avoir recours aux prêteurs sur gages. Il les y oblige au contraire, car ces prêteurs sur gages avancent une plus forte somme, et à douze pour cent : ainsi des usuriers que la loi frappe et flétrit, sont moins voleurs que le Mont-de-Piété qu'elle institue et protége.

De ces considérations, tirons cette règle générale :

Dans toute espèce de circonstance, il vaut mieux vendre que déposer au Mont-de-Piété.

§. 4. De la Loterie.

A la porte du bureau de loterie, un joli tableau, orné de nœuds de rubans roses et verts, présente aux regards qu'il attire les bienheureux billets gagnans. Comme ces billets sont doucement provocateurs! comme ils parlent à l'imagination! celui qui les a pris a fait fortune ; il est heureux maintenant, il peut satisfaire tous ses desirs.

Oui ! mais si l'on pouvait placer en regard les peines, les tourmens, les malheurs que cause une passion funeste ; si l'on montrait le père jouant la fortune de sa femme, l'existence de ses enfans : dupe d'abord, plus tard fripon, finissant par devenir criminel. La loterie occasionne plus de suicides que la misère : elle traîne à sa suite le désespoir et la mort.

— Mais tout le monde n'y perd pas ?

— Tout le monde y perd ! Celui à qui échoit un terne, l'a d'avance payé bien cher, ou plus tard perdra ce. qu'il possède avec ce qu'il a gagné.

Depuis long-temps des voix éloquentes s'élèvent en vain pour réclamer l'abolition de cette immorale institution. La seule manière de couper court au mal, c'est d'en démontrer l'évidence. Le jour où tout le monde séra bien convaincu que l'argent mis à la loterie est perdu sans retour, que les sept millions que le Gouvernement retire de la loterie sont un bénéfice honteux, le fruit du vol ; le jour enfin où personne ne mettra plus à la loterie ; l'autorité, qui respecte la morale publique quand son intérêt ne lui conseille pas de la violer, supprimera les loteries qui lui seront devenues onéreuses.

Nous nous abstiendrons de parler

ici de ces petites loteries bourgeoises,
dont nous avons dit notre avis.

§. 5. Des Maisons de Jeu.

A Paris, dans cette capitale du
monde civilisé, dans ce centre de so-
ciabilité, de commerce, d'industrie,
au sein de cette ville **qu'Anacharsis**
Clootz appelait *le chef-lieu du globe*,
il existe des maisons où l'usure et le
vol sont autorisés; où la ruine, le de-
sespoir, le suicide sont affermés,
et rapportent au Gouvernement des
sommes que l'on peut appeler le prix
du sang.

En entrant dans une maison de jeu,
on laisse l'honneur à la porte, heureux
quand on le reprend en sortant! Autour d'une longue table on voit une

foule d'êtres à la mine have, déchar-
née, semblables aux ombres du Dante;
le cou tendu, la figure inquiète, les
yeux fixés sur un tapis, des numéros,
des cartes auxquels ils confient leur
fortune. L'argent que l'on jette sur
cette table fatale perd, en y tombant,
le dixième de sa valeur: les chances
sont combinées de telle sorte que
le fermier des jeux gagne toujours.
Ce gain assuré, cette chance inégale
caractérisent un vol, et ce droit de
vol, le fermier des jeux l'achète dix
millions: pour dix millions, il peut impunément dépouiller l'homme sans
défiance, corrompre le jeune inexpé-
rimenté, plonger dans le vice et le
crime l'imprudent que séduit un appât
trompeur.

Mais la ferme des jeux ne se contente pas de vous enlever tout ce que vous possédez d'argent; elle vous provoque, vous sollicite. Un Mont-de-Piété clandestin, un bureau de prêt usuraire, est établi dans chaque maison de jeu. Là, sur un bijou, une montre, une épingle, on vous prête de l'or, et cet or est bientôt englouti.

Et que l'on se persuade bien que jamais personne n'a gagné dans ces infâmes maisons. Si la fortune sourit un instant au joueur, bientôt elle lui devient contraire, et toujours la plus funeste des passions entraîne la ruine complète de celui qui en est possédé.

Depuis dix années, à chaque session législative, d'énergiques réclamations s'élèvent contre l'immoralité de ce revenu flétrissant. Les maisons de jeu continuent cependant d'être ouvertes: un nouveau bail vient d'être conclu avec la ferme pour cinq années. Un ministère qui s'arme pour la religion et la morale, un ministère qui fait des lois sur le sacrilége, et qui rallonge les robes des danseuses de l'opéra devrait ouvrir l'oreille aux cris des malheureux que les maisons de jeu ont perdus, et à la voix patriotique des législateurs qui veulent mettre un terme à un scandale déshonorant pour la nation.

§. 6. Emprunts. — Dettes publiques.

Rien n'est plus précieux que le crédit; et cet honnête M. Schneider, qui a inventé le fromage de Gruyère et le système des emprunts, a rendu un véritable service à la société.

Au moyen des emprunts, l'inégalité des fortunes disparaît, la richesse est une chimère, toute sommité s'aplanit. Celui qui emprunte, est en un instant plus positivement riche que celui qui prête; qu'il soit gouvernement constitutionnel ou souverain absolu, l'emprunteur ne supporte aucun risque de perte, et profite de toutes les chances de bénéfice.

C'est une chose bizarre que cette activité de spéculation qui, depuis quelques années, s'est emparée de nos riches banquiers. De quelque point que vienne une proposition, elle trouve des oreilles et des bourses ouvertes. La même caisse alimente la Sainte-Alliance et le sénat grec. Si le grand Turc, pour continuer de battre les Russes, a besoin d'argent, il en trouvera certainement sur sa bonne mine, et son emprunt sera bientôt rempli.

Combien d'exemples cependant devraient mettre en garde contre cette avidité de chance.! Les gouvernemens font banqueroute comme les particuliers; et les gouvernemens ne craignent pas les galères. La France a jadis ruiné ses sujets en les réduisant aux deux tiers; le sublime trois pour cent de M. de Villèle était un commencement de banqueroute. La Bourse cependant ne désemplit pas de joueurs : la rente a aussi ses fanatiques toujours prêts à acheter, à brocanter sur des valeurs idéales qui rapportent moins qu'une maison, qu'une terre, et que l'on ne peut cependant faire assurer contre la grêle et l'incendie.

FIN.

Table.

TITRE DEUXIÈME.

TITRE TROISIÈME.

LIVRE DEUXIÈME.

LIVRE TROISIÈME.

INDUSTRIES PRIVILÉGIÉES.

FIN DE LA TABLE.

SOUS PRESSE,

Pour paraître le 1ᵉʳ février.

CODE CONJUGAL.

Table des Matières.

Ouvrages du même Auteur :

CODE CIVIL, Manuel complet de la politesse, du ton, des manières de la bonne compagnie ; contenant les lois, règles, applications et exemples de l'art de se présenter et de se conduire dans le monde. 5ᵉ édition, 1 vol. in-18, avec gravure de Devéria.
3 fr. 50 c.

CODE DE LA TOILETTE, Manuel complet d'élégance et d'hygiène ; contenant les lois, règles, applications et exemples de l'art de soigner sa personne, et de s'habiller avec goût et méthode. 3ᵉ édition, 1 vol. in-18, avec gravure de Devéria. 3 fr. 50 c.

CODE GOURMAND, Manuel complet de gastronomie transcendante ; contenant les lois, règles, applications et exemples de l'art de bien vivre. 4ᵉ édit., 1 vol. in-18, avec gravure de Devéria, et carte gastronomique de la France. 3 fr. 50 c.

Sous presse, pour paraître le 1ᵉʳ février :

CODE CONJUGAL, par Horace RAISSON.

Imp. de Trouvé et Cie, rue N.-D.-des-Victoires, n. 16.